Les Recettes de Janette

En cadeau 165 nouveaux délices

Janette Bertrand

Les Recettes de Janette
En cadeau 165 nouveaux délices

Libre Expression
QUEBECOR MEDIA

Catalogage avant publication de Bibliothèque et Archives Canada

Bertrand, Janette, 1925-

    Les recettes de Janette
    Publ. antérieurement sous le titre : Les recettes de Janette et le grain de
    sel de Jean. Montréal : Éditions du Jour, c1968.

    ISBN 2-7648-0228-5

    1. Cuisine. I. Titre. II. Titre : Les recettes de Janette et le grain de sel de
    Jean.

TX715.B515 2005   641.5   C2005-941561-4

Direction littéraire
JOHANNE GUAY

Maquette de la couverture
FRANCE LAFOND

Infographie et mise en pages
CLAUDE BERGERON

Conception de la maquette intérieure
COLAGENE, CLINIQUE GRAPHIQUE (COLAGENE.COM)

Remerciements
Les Éditions Libre Expression reconnaissent l'aide financière du gouvernement du Canada par l'entremise du Programme d'aide au développement de
l'industrie de l'édition (PADIÉ) pour ses activités d'édition. Nous remercions
le Conseil des arts du Canada, la Société de développement des entreprises
culturelles du Québec (SODEC) du soutien accordé à notre programme de
publication. Gouvernement du Québec – Programme de crédit d'impôt pour
l'édition de livres – gestion SODEC.

Les Éditions Libre Expression
7, chemin Bates
Outremont (Québec) H2V 4V7

Dépôt légal
3e trimestre 2005
ISBN : 2-7648-0228-5

Table des matières

Avant-propos

Je m'étais bien juré de ne pas écrire un nouveau livre de recettes. J'en avais fait un, il y a fort longtemps ; il s'était vendu à 220 000 exemplaires, c'était parfait. C'était sans compter sur le public rencontré lors des séances de signature dans les librairies et dans les salons du livre. Il me réclamait haut et fort une réédition du livre qu'il avait soit perdu soit usé à force de s'en servir... J'ai été étonnée par cette demande. J'ai hésité, soupesé le pour et le contre, puis j'ai cédé. Le public a toujours raison. De plus, il exigeait non seulement mes vieilles recettes mais des délices en prime. L'idée de partager mes trouvailles culinaires comme j'avais si allègrement partagé ma vie en trois actes m'a séduite. J'ai pondu ce livre ! Je l'ai voulu modeste, humble même, sans images à faire saliver mais plein de bonnes recettes faciles à faire pour tous les néophytes, les garçons et les filles, les jeunes couples et les autres.

Tous les mets que je vous présente font partie de ma table de tous les jours. Je les prépare pour mon amoureux, mes enfants et petits-enfants, mes amis. Je ne suis pas une chef qui invente des recettes. Je suis une cuisinière gourmande qui aime manger et partager ce qu'elle trouve bon. J'ai bâti mon répertoire à même le talent de mes amis, de mes enfants. J'ai volé des recettes au professeur Bernard, à Fernand Seguin, à Juliette Huot, à Jehanne Benoit... Aujourd'hui, je pique des recettes à mon amie Josée di Stasio, au talentueux Ricardo, à l'efficace Jean Soulard, à l'épicurien Guy Fournier, aux chefs que je fréquente, aux gens qui m'invitent à manger chez eux. Je suis de celles qui, quand elles demandent une recette, l'éxécutent dans les jours qui suivent. Ces recettes, bien sûr, je les « janet-tise » en enlevant ou en ajoutant des ingrédients à mon gré : ça me donne donc la permission de les partager avec vous. Je vous les refile surtout parce que je sais que vous allez les aimer comme je les aime et que, comme moi, vous ne vous casserez pas la tête avec les mesures. L'art culinaire, ça le dit, c'est un art, et il n'y a pas d'art sans invention, sans improvisation et... sans risque de se tromper !

Si cuisiner, c'est aimer, comme je l'écrivais dans mon premier livre de recettes, cuisiner, c'est aussi partager le plaisir de découvrir des goûts nouveaux et d'en retrouver des anciens. Cuisiner, c'est donner du bonheur et en recevoir. En effet, quelle joie d'entendre le compliment final : Délicieux ! Très bon ! Succulent ! Un délice ! Fameux ! (Suggestions pour ceux qui en sont encore aux « C'est pas pire », « C'est pas mauvais » et à ceux qui s'empiffrent sans même dire merci.)

Mes enfants et mes petits-enfants préviennent toujours leurs amis quand ils sont invités à manger chez-moi. Exclamez-vous ! Rien n'est plus frustrant pour une cuisinière que le silence autour des plats qu'elle a mijotés avec amour. Je me souviens d'avoir confectionné un gâteau dont la recette occupait trois pages dans un livre de recettes français. À table, ce soir-là, mes amis discutaient de je ne sais plus quel sujet important, référendum ou autre, tout en se gavant de mon gâteau. Je me suis levée et j'ai crié : « Silence ! » Surpris, ils se sont tus, je n'ai pas l'habitude de crier. Je leur ai dit : « Ça m'a pris trois heures pour confectionner ce chef-d'œuvre de la cuisine française, vous pouvez peut-être prendre une minute pour l'apprécier. » Ils ont dégusté en silence le gâteau ! J'ai eu droit aux compliments d'usage mais je me suis promis de ne plus faire de recettes élaborées puisqu'elles n'attirent pas plus les félicitations que les recettes simples et efficaces. Une bonne cuisinière, c'est comme un acteur, sans applaudissements, il ne joue plus.

Merci à toutes celles et à tous ceux qui essayeront mes recettes et à celles et à ceux qui les dégusteront.

Manger est obligatoire si on veut vivre, alors autant en faire un plaisir trois fois par jour. C'est le bonheur que je vous souhaite.

Janette

Pain

Mon pain
(6 pains)

Ma recette définitive :

$^3/_4$ tasse (175 ml) d'eau tiède, presque chaude
1 c. à thé (5 ml) de sucre
$^1/_2$ c. à thé (2,5 ml) de gingembre en poudre
2 enveloppes de levure

Rincez un bol à l'eau chaude. Versez-y l'eau tiède, faites dissoudre le sucre, ajoutez le gingembre et enfin la levure en saupoudrant. Laissez travailler la levure 10 minutes.

   Puis versez cette préparation dans un bol rincé à l'eau chaude et ajoutez :

5 tasses d'eau tiède (1,25 litre) dans laquelle vous aurez fait cuire
2 pommes de terre moyennes
et
$^1/_3$ tasse (85 ml) de sucre
5 c. à thé (25 ml) de sel
$^1/_2$ tasse (125 ml) de beurre ramolli ou d'huile d'olive
12 tasses (3 l) de farine à pain blanche ou moitié farine blanche et moitié farine de blé entier

Pétrissez 5 ou 6 minutes avec le bout des doigts. Posez un linge à vaisselle propre sur le bol et déposez le bol dans le four éteint (c'est l'endroit le plus chaud de la cuisine). Laissez lever la pâte (environ 1$^1/_2$ heure). Versez cette pâte sur la table de cuisine farinée. Donnez un coup de poing dedans. Façonnez en rouleau et divisez la pâte en 6 morceaux. Formez une boule avec chaque morceau et placez les boules au centre de moules à pain beurrés (9 po x 5 po [23 cm x 13 cm]). Huilez avec un pinceau le dessus de chaque pain et placez les moules (6 environ) sur le dessus du réfrigérateur ou dans le four éteint. Couvrez avec un linge de coton et laissez la pâte doubler de volume, ce qui prend de 2 à 3 heures, parfois plus, selon la chaleur de la pièce. Évitez les courants d'air venant des portes et des fenêtres, et évitez d'ouvrir le réfrigérateur à tout moment. Quand les pains sont levés, mettez-les au four à 400 °F (200 °C) pendant 15 minutes avec un petit bol d'eau, puis baissez le four à 350 °F (180 °C) et cuisez pendant $^3/_4$ d'heure. Sortez du four et démoulez.

JANETTE : Aussitôt les pains démoulés, je m'en coupe une tranche, l'entame, pour y goûter, mais surtout pour être certaine d'en avoir une. Vous pouvez enrichir votre pain de $^3/_4$ de tasse (190 ml) de lait en poudre ou encore ajouter 2 œufs battus. Pour obtenir une belle croûte dorée, il faut démouler les pains aussitôt cuits et les laisser refroidir sur une grille. Quand je fais du pain, je prépare des rillettes, des pâtés de foie gras (voir plus loin) et on soupe aux tartines. L'odeur du pain qui cuit est un aphrodisiaque puissant. Pour les amoureux qui aiment tout partager, faire du pain est une aventure amusante et qui peut devenir une passion commune. Un endroit de choix pour faire lever le pain : le four éteint, ouvert d'environ 1 po (2,5 cm). L'ampoule du four dégage juste ce qu'il faut de chaleur.

Pain aux noix
(noix de Grenoble ou pacanes)

Battez au malaxeur ou à la main : 1 œuf.

Ajoutez tout en battant :
1 tasse (250 ml) de sucre
1 $^1/_2$ tasse (375 ml) de lait
2 pincées de sel
3 tasses (750 ml) de farine
3 c. à thé (15 ml) de poudre à pâte

Cessez de battre et ajoutez :
1 tasse (250 ml) de noix de Grenoble ou de pacanes

Dans un moule à pain beurré, faites cuire à peu près 1 heure, dans un four à 350 °F (180 °C).

JANETTE : Délicieux avec le thé ! Nourrissant dans la boîte à lunch. On peut en faire des sandwichs garnis de fromage à la crème. Wow !

Pain aux ananas

Tamisez ensemble :
2 tasses (500 ml) de farine
2 c. à thé (5 ml) de poudre à pâte
$^1/_2$ c. à thé (2,5 ml) de soda à pâte
$^1/_2$ c. à thé (2,5 ml) de sel
1 c. à thé (5 ml) de cannelle
$^1/_4$ c. à thé (1,25 ml) de clou de girofle moulu
$^1/_4$ c. à thé (1,25 ml) de muscade

Défaites en crème :
8 c. à soupe (120 ml) de beurre

Ajoutez graduellement $^3/_4$ de tasse (190 ml) de sucre granulé. Battez le beurre et le sucre au malaxeur et ajoutez 2 œufs bien battus. Ajoutez les ingrédients secs et 1 tasse (250 ml) d'ananas en purée, égouttés. Mélangez et versez dans un moule à pain beurré et tapissé de papier ciré beurré ou de papier parchemin. Faites cuire 1 heure au four à 350 °F (180 °C).

JANETTE : Meilleur le lendemain. Les enfants sont surpris et ravis de cette surprise dans leur boîte à lunch.

Pain aux arachides et aux bananes

Tamisez : 1 $\frac{1}{2}$ tasse (375 ml) de farine
2 c. à thé (10 ml) de poudre à pâte
$\frac{1}{2}$ c. à thé (2,5 ml) de soda à pâte
1 pincée de sel

Mélangez : $\frac{1}{2}$ tasse (125 ml) de petites arachides, salées ou non, au goût
1 tasse (250 ml) de céréales de son

D'une part,
mettez en crème : 6 c. à soupe (90 ml) de beurre

ajoutez : $\frac{2}{3}$ tasse (170 ml) de sucre
1 œuf battu

D'autre part,
écrasez : 1 $\frac{1}{4}$ tasse (315 ml) de bananes

ajoutez : $\frac{1}{4}$ tasse (65 ml) de lait
$\frac{1}{2}$ c. à thé (2,5 ml) de vanille

Mélangez le tout et versez dans un moule à pain beurré, tapissé de papier ciré beurré ou de papier parchemin. Faites cuire 1 heure au four à 350 °F (180 °C).

JANETTE : C'est nourrissant, surprenant. Mes enfants ont été nourris à ce pain. Ils en redemandent.

Pain changé en gâteau

1 pain blanc non tranché sans croûte, d'un jour ou deux
1 boîte de lait condensé sucré Eagle Brand
noix de coco séchée, effilée

Coupez le pain en carrés de $^3/_4$ de po (2 cm) de long par $^3/_4$ de po (2 cm) de large. Faites tremper ces carrés dans du lait condensé sucré Eagle Brand. Roulez-les ensuite dans de la noix de coco. Déposez sur du papier parchemin et faites cuire sur la grille du haut à 350 °F (180 °C) jusqu'à ce que le tout soit doré.

JANETTE : Cette recette de mon enfance fait les délices de mes petits-enfants. C'est doré sur le dessus et mou en dedans. Mmmmmm !

Scone anglais

6 c. à soupe (90 ml) de beurre froid
1 $^1/_2$ tasse de farine (375 ml) tout usage
1 c. à soupe (15 ml) de poudre à pâte
1 pincée de sel (sans sel, la pâte ne lève pas)
3 à 4 c. à soupe (de 45 à 60 ml) de sucre
$^3/_4$ tasse (190 ml) de lait
1 ou 2 œufs (facultatif)
1 tasse (250 ml) de raisins secs (facultatif)

Ajoutez les morceaux de beurre froid dans les ingrédients secs. Découpez le beurre en tout petits morceaux avec deux couteaux et ajoutez le lait, les œufs et les raisins. À l'aide de deux fourchettes, formez une boule sans pétrir. La pâte doit être souple, non collante. Ajoutez de la farine s'il le faut. Laissez reposer 30 minutes ou toute la nuit au frigo. Déposez à la cuillère sur un papier parchemin ou roulez avec le rouleau à pâte et découpez des ronds avec un verre. Badigeonnez d'un peu de lait. Faites cuire au four 15 à 20 minutes à 350 °F (180 °C) ou 10 minutes à 400 °F (200 °C).

JANETTE : Je suis folle des scones. J'y ai goûté pour la première fois en Angleterre. J'ai essayé souvent d'en faire mais je les ratais ; ils étaient durs comme du granit. Un jour que j'étais invitée à l'émission de Ricardo, je lui ai demandé de les fabriquer devant moi. J'ai compris mon erreur : je pétrissais ma pâte comme une pâte à tarte. Depuis que je les pétris à peine, je les réussis à merveille. Comme les scones se dégustent chauds au déjeuner, avec du fromage à la crème et de la marmelade d'orange, je prépare ma pâte la veille, et le matin, pendant que le café embaume la cuisine, je les fais cuire. Succès bœuf !

Mes délices en cadeau

Pain naan

3 tasses (750 ml) de farine
1 c. à thé (5 ml) de sel
1 sachet de levure instantanée
1 c. à thé (5 ml) de sucre
1 tasse (250 ml) de lait tiède
$^1/_4$ tasse (65 ml) de yogourt nature

Mélangez la farine, le sel et la levure. Ajoutez le sucre au lait tiède. Versez le mélange de lait dans la farine. Ajoutez le yogourt. Pétrissez 5 minutes. Enduisez de beurre et mettez dans un bol. Couvrez d'un linge humide et faites doubler la pâte dans le four froid (1 heure). Aplatissez. Chauffez le four à 500 °F (260 °C). Partagez la pâte en 6 morceaux en étirant bien la pâte. Déposez les pains sur une plaque à biscuits. Cuisez 6 à 7 minutes. À la sortie du four, badigeonnez de beurre fondu. Trempez dans la sauce de yogourt et de concombre (voir *tzatziki*) ou mangez comme du pain, à la place du pain.

JANETTE : Je me suis rendu compte, il y a quelques années, que si je me rendais souvent dans les restaurants indiens, c'était surtout pour le pain naan. Je suis partie à la recherche de la recette et, depuis, je m'en fais.

_____

_____

_____

_____

_____

_____

_____

_____

_____

_____

_____

_____

_____

_____

_____

_____

_____

_____

_____

_____

_____

_____

_____

_____

On peut ajouter des fines herbes, des fruits, des raisins, des noix, du fromage à la pâte à pain. Ajoutez alors 1 ou 2 œufs.

_____

_____

_____

_____

_____

_____

_____

_____

_____

_____

_____

_____

_____

_____

_____

_____

_____

_____

_____

_____

_____

_____

_____

_____

_____

_____

Faites des entailles dans une grosse baguette, tartinez chaque tranche de beurre à l'ail et au persil. Faites griller dans un four à 350 °F (180 °C) pendant $^1/_2$ heure.

_____

_____

_____

_____

_____

_____

_____

_____

_____

_____

_____

_____

_____

_____

_____

_____

_____

_____

_____

_____

_____

_____

_____

_____

La température idéale pour faire lever le pain est 85 °F (29,5 °C).

Hors-d'œuvre, amuse-gueule et entrées

Grignoteries de Janette

1 boîte de bretzels en bâtons (petits)
1 boîte de céréales Shreddies (petits carrés)
4 tasses de grosses arachides salées sans pelure ou
3 tasses de petites arachides salées avec pelure
1 boîte de céréales Cheerios
1 boîte de céréales Puffed Wheat ou Puffed Rice

Mêlez tous les ingrédients dans une grande rôtissoire. Posez sur le tout 1 $^1/_2$ lb (680 g) de beurre. Arrosez de $^1/_3$ de tasse (85 ml) de sauce Worcestershire et saupoudrez de :

2 c. à soupe (30 ml) de sel d'ail
1 c. à soupe (15 ml) de sel d'oignon
3 c. à soupe (45 ml) de poudre chili

Faites cuire au four à 300 °F (180 °C) pendant 2 heures. Brassez toutes les 15 minutes. Faites refroidir et conservez dans des boîtes de biscuits en métal.

JANETTE : Les hommes adorent les grignoteries avec des boissons alcoolisées, les enfants en raffolent à toute heure du jour. Les adolescents les engouffrent à la vitesse de la mitrailleuse. Très appréciées en cadeaux individuels. Cent fois meilleures et moins coûteuses que celles sur le marché.

Petites tartes au fromage

Procurez-vous des fonds de tartelettes congelés (dans tous les comptoirs de produits congelés). Battez 2 blancs d'œuf, ajoutez un petit oignon haché fin ou du sel d'oignon, un soupçon de sauce Worcestershire et 1 tasse (250 ml) de fromage râpé (gruyère ou cheddar). Faites cuire au four à 450 °F (230 °C) environ 10 minutes.

JANETTE : À grignoter à l'apéritif ou en entrée avec une salade verte.

Pailles au fromage express

Procurez-vous, à un comptoir de produits congelés, une boîte de pâte feuilletée. Faites dégeler et étendez la pâte. Parsemez de parmesan, de gruyère ou de cheddar râpé. Pliez la pâte, parsemez de nouveau, repliez et ainsi de suite, 6 fois. Coupez en languettes, saupoudrez de paprika et cuisez sur une plaque mouillée dans un four à 400 °F (200 °C) pendant 10 minutes.

JANETTE : Je me sers de pâte feuilletée congelée. On en trouve dans toutes les grandes surfaces mais aussi dans les bonnes pâtisseries et même certaines fromageries. La vrai pâte feuilletée est trop difficile et trop longue à faire.

Foie gras rapide

Faites cuire des foies de poulet dans du lait pendant 20 minutes. Passez au robot. Ajoutez la même quantité de beurre en crème, des épices au goût, (ciboulette, sel de céleri, estragon, soupçon d'ail, thym ; enfin toutes les épices que vous aimez). Arrosez d'un peu de cognac ou de porto, repassez au robot. Faites prendre au réfrigérateur.

Rillettes de Tours du professeur Bernard

3 lb (1,4 kg) de porc dans l'épaule, avec son gras, coupé en dés
(1 po² / 0,5 cm²)
2 c. à thé (10 ml) de sel
1 c. à thé (5 ml) de poivre
sel d'oignon ou d'ail, au goût, estragon, ciboulette
jus de 1 citron et 1 boîte de consommé ou 8 oz (250 ml) de vin blanc

Faites revenir le porc dans l'huile, le beurre ou dans le gras de canard. Déglacez au vin blanc. Ajoutez le sel, le poivre, les épices et couvrez de consommé de poulet. Faites mijoter sur un feu doux pendant 1 ½ heure jusqu'à ce que le porc soit très tendre. Si vous veniez à manquer de liquide, rajoutez un peu d'eau. Hachez grossièrement au robot. Au lieu du porc, vous pourriez utiliser du poulet. Faire prendre au frigo.

JANETTE : Je sens ici le besoin d'expliquer au néophyte le verbe «déglacer». Je l'utilise fréquemment. Quand on fait cuire une viande dans le beurre ou l'huile, ou les deux en même temps (ce que je recommande), le gras de la viande fond, les jus de la viande caramélisent et forment un collé goûteux. Un acide (jus de citron, vin, alcool divers et même thé ou café) va dissoudre ce qui est collé et en faire le jus qui est à la base des meilleures sauces. Et dire qu'il y a des gens qui jettent leurs bons collés ! Il faut dire que les poêles en téflon ne sont pas propices au déglaçage. Les meilleures poêles à déglacer selon moi sont celles en acier inoxydable.

Mousse de foie gras rapide

½ tasse (125 ml) de crème à fouetter
½ lb (225 g) de pâté de foie gras en conserve ou vendu chez le boucher
¼ tasse (65 ml) de sherry ou de porto

Fouettez la crème, ajoutez le pâté et, petit à petit, le sherry ou le porto sans cesser de fouetter. Versez dans un petit plat, réfrigérez, démoulez pour servir.

JANETTE : Le pâté de foie gras coûte si cher ; en faire une mousse, c'est doubler le plaisir.

Croque-monsieur

C'est un sandwich chaud très populaire en France. Il se compose de deux tranches de pain sans croûte, beurrées, entre lesquelles on met une tranche de jambon et deux tranches de gruyère. Ce sandwich est déposé sur une plaque beurrée. Le dessus est saupoudré de gruyère râpé ou encore d'une béchamel au gruyère. Grillez au four à 400 °F (200 °C) pendant 5 minutes. Ce sandwich se mange chaud avec un couteau et une fourchette. On peut aussi le faire cuire à la poêle sans sauce.

JANETTE : Je prépare aussi une variante du croque-monsieur classique. Je fais un sandwich au jambon avec beurre et moutarde ou un sandwich au poulet avec mayonnaise. Je le trempe dans l'œuf battu avec un peu de lait, puis je le fais cuire comme du pain perdu (en anglais french toast) dans du beurre. Servi avec une salade, c'est un repas rapide à faire, super facile et les enfants en raffolent.

Sandwichs-surprises

Achetez un pain blanc non tranché et enlevez la croûte. Découpez horizontalement, en 4 ou 5 tranches. Tartinez chaque tranche d'une préparation à sandwich à votre goût. Reformez le pain. Glacez-le de fromage à la crème, réfrigérez et coupez en tranches verticales pour servir. Amusant pour les réceptions enfantines.

JANETTE : Quand j'étais jeune fille, chaque party avait son sandwich-surprise décoré artistiquement de cornichons et d'olives farcies. Je raffolais de ce sandwich qu'on mange à la fourchette. La qualité du sandwich tient à la garniture : jambon haché, œufs cuits durs mayonnaise, salades de poulet, de crevettes, etc.

Une idée simple
(Quand on n'a pas le goût de faire la cuisine)

Je pose des tranches de pain, avec ou sans croûte, dans une lèchefrite beurrée. Je mets une tranche de fromage sur chaque tranche de pain et je couvre de morceaux de bacon. Je fais cuire 10 minutes dans un four à 400 °F (200 °C). En variant les pains et les fromages, on multiplie les plaisirs.

JANETTE : Les adolescents sont virtuoses de ces toasts au fromage.

Et une autre

Je dépose dans une lèchefrite beurrée des tranches de pain français, j'arrose de vin blanc et je garnis de gruyère râpé. Je fais cuire au four à 350 °F (180 °C) un bon 15 minutes.

JANETTE : Peut servir de lunch rapide mais sophistiqué.

Quiche lorraine
(Pour 4 personnes)

Dans un fond de tarte non cuit, mettez 6 tranches de bacon cuit, coupées en petits morceaux, et arrosez du mélange suivant, bien battu avec une fourchette :

2 œufs
2 pincées de sel
$^3/_4$ tasse (190 ml) de crème 15 % ou 35 %, ou de lait
4 c. à soupe (60 ml) de gruyère râpé

Faites cuire au four à 350 °F (180 °C) pendant à peu près 35 minutes. Vous verrez que la quiche est cuite quand un couteau inséré dedans en ressort propre.

JANETTE : La base de quiche est la même pour toutes les quiches. C'est à vous d'ajouter aux œufs le légume que vous préférez, brocoli, épinards, oignons. C'est la quiche aux poireaux émincés, préalablement cuits à la poêle, que j'aime le plus. À la fin de l'été, je m'offre la quiche aux fines herbes. Mon jardin en regorge : ciboulette, persil, cerfeuil, basilic et livèche remplacent brocoli et épinards. Et je n'oublie jamais d'ajouter une pincée de muscade pour faire ressortir chaque saveur.

Œuf dans le trou

Prenez une tranche de bon pain de $^3/_4$ de po (2 cm) d'épaisseur, au milieu de laquelle vous faites un trou en enlevant grand comme un 25 cents de mie de pain. Faites chauffer une poêle en téflon, déposez une noix de beurre et la tranche de pain dans la poêle, cassez un œuf et versez-le dans le trou. Salez et poivrez. La mie de pain s'imbibera du blanc de l'œuf tandis que le jaune restera dans le trou. Faites dorer, puis, à l'aide d'une spatule, retournez et faites dorer de nouveau.

JANETTE : Quel dépanneur pour une mère pressée, pour un homme peu doué pour la cuisine ou pour un enfant qui a faim et ne sait pas encore cuisiner. Et c'est délicieux !

Rouleau aux asperges

Enlevez les croûtes d'une tranche de pain blanc très frais et tartinez-la de mayonnaise. Déposez une asperge cuite au bout de la tranche et roulez. Réfrigérez quelques heures.

JANETTE : On peut faire ainsi les fameux sandwichs au concombre anglais, mais on utilise du beurre plutôt que de mayonnaise. Ça ne peut pas être plus simple mais c'est étonnamment succulent.

Truites en gelée

(Pour 25 personnes)

12 truites de ¹/₂ lb (225 g) chacune
2 boîtes de consommé de poulet ou de bœuf
2 sachets de gélatine
2 tasses (500 ml) de vin blanc sec
olives farcies
amandes rôties
sel, poivre

Faites cuire vos truites au four sur une grille et sous le gril. Surveillez-les et, quand l'intérieur des truites a changé de couleur, retirez-les. Faites-les refroidir et enlevez la peau. Filetez par le dos, retirez les arêtes et placez les filets dans une tôle d'au moins 1 po (2,5 cm) de profondeur. Salez, poivrez.

Gardez un peu de consommé de côté et mélangez le reste avec le vin blanc. Faites chauffer. Salez, poivrez. Faites gonfler la gélatine dans le consommé mis de côté, versez dans le mélange consommé-vin blanc et versez sur les truites pour les recouvrir. Faites prendre à moitié au réfrigérateur, puis ajoutez les olives farcies coupées en tranches ou des amandes rôties, ou les deux. Remettez au réfrigérateur jusqu'au moment de servir.

JANETTE : J'ai eu énormément de succès avec cette entrée. Je sers mes truites sur une feuille de laitue et je garnis de mayonnaise maison à l'estragon. Succès assuré. On vous demandera la recette. Pour quatre, on utilise 4 truites et on réduit le reste des ingrédients... évidemment !

Tarte tatin aux poivrons rouges

Coupez 4 ou 5 poivrons en deux, cuisez-les sous le gril. Enlevez la peau. Faites un caramel avec du beurre et du sucre dans un poêlon. Déposez les poivrons dos à la poêle, salez, poivrez, couvrez de pâte à tarte, cuire à 400 °F (200 °C), 25 minutes. Renversez dans une assiette. Servez en pointes comme entrée ou en plat principal avec une salade.

JANETTE : Extraordinaire ! Attention : seulement avec les poivrons rouges, jaunes ou orange, pas les verts, jamais !

Foie gras au gros sel

1 foie gras de canard cru
lait
1 c. à soupe (15 ml) de cognac ou de porto
gros sel

Trempez le foie gras dans du lait pendant 6 heures. Coupez en deux, enlevez les nerfs avec une pince à sourcils. Reformez sur une pellicule plastique (ex. : Saran Wrap), aspergez de cognac ou de porto, refermez bien la pellicule et roulez fermement. Réfrigérez au moins 1 heure. Retirez le foie de la pellicule et déposez-le sur un lit de gros sel. Couvrez de gros sel et remettez au frigo 10 heures. Retirez le foie du gros sel, rincez-le délicatement et rapidement à l'eau chaude du robinet, asséchez, poivrez, réenveloppez de pellicule. Servez en tranches au bout de 2 jours.

JANETTE : C'est la façon la plus simple de faire le fameux foie gras sans le manquer. Il se garde cependant un peu moins longtemps au frigo (2 à 3 semaines). Quand on connaît le prix du foie gras acheté tout fait, il est très avantageux de le préparer soi-même. Et que de compliments en perspective ! J'en fais deux fois par année, à Noël et à la fête de mon amoureux.

Mousse de truite

Faites pocher de la truite dans de l'eau, enlevez la peau. Hachez puis mélangez à du beurre doux (non salé), de la poudre de cari, du gingembre frais râpé, du tabasco, un peu de tamari, du basilic frais et des oignons verts[1]. Mettez au frigo pendant une journée.

JANETTE : Mes recettes semblent souvent imprécises. Mais la cuisine n'est pas de la chimie, c'est un art. Et qui dit art, dit improvisation et risque.

Ceviche de saumon

Marinez de fines tranches de saumon crû dans un mélange de jus de citron, d'oignons verts, d'un peu de miel et de poudre de cari. Servez avec une salade de roquette ou sur des pâtes.

Tarte aux tomates

Couvrez une croûte de tarte cuite d'une mince couche de moutarde de Dijon. Déposez une couche de tranches de gruyère, puis de minces tranches de tomates jusqu'au bord de l'assiette. Couvrez d'olives noires, aspergez d'huile d'olive, salez et poivrez. Couvrez de basilic frais. Cuisez au four 40 minutes à 350 °F (180 °C).

JANETTE : Cette tarte est aussi bonne chaude que froide. C'est une entrée aussi bien qu'un plat principal si on la sert avec une salade verte.

---

1   Communément appelés « échalotes », au Québec.

Brie au four

1 meule de brie de1 lb (500 g)
$^1/_3$ tasse (65 ml) d'abricots séchés
3 c. à soupe (45 ml) d'amandes en bâtons
3 c. à soupe (45 ml) de raisins secs
2 c. à soupe (30 ml) de porto

Chauffez le four à 400 °F (200 °C). Enlevez le dessus de la meule. Avec une fourchette, piquez le fromage, insérez les abricots, les amandes et les raisins, versez le porto. Cuisez 15 minutes et passez une minute sous le gril. Laissez refroidir 5 minutes. Vous pouvez remplacer les amandes et les fruits secs par des tranches de tomates séchées. Servez sur de petites tranches de baguette grillées.

JANETTE : C'est cochon...

Olives marinées

Passez à l'eau des olives vertes et noires. Mettez-les dans un bol avec de l'huile d'olive, de l'ail, du zeste d'orange, du jus d'orange, des herbes à votre goût. Faites tremper 6 heures.

JANETTE : Évidemment, on peut manger les olives telles quelles au sortir du pot. Mais celles-ci vous attireront des compliments et Dieu sait que les cuisinières aiment les compliments. Merci, Josée di Stasio.

Mousse de ris de veau

$1/_2$ lb (225 g) de ris de veau
$1/_2$ lb (225 g) de beurre salé
$1/_3$ tasse (85 ml) de porto

Faites tremper le ris de veau dans de l'eau vinaigrée de 2 à 3 heures. Enlevez la membrane, le gras et les veines. Cuisez le ris de veau dans la poêle dans un peu de beurre et d'huile d'olive. Déglacez au porto. Passez au robot les ris, le jus de cuisson et le reste du beurre. Salez et poivrez. Laissez prendre au frigo.

JANETTE : C'est mon amie Marie-Hélène Roy, recherchiste à l'émission Parler pour parler _et grande cuisinière, qui m'a refilé cette recette. C'est léger, délicat et fin. Comme elle..._

Saumon fumé aux pâtes multicolores

Faites cuire des pâtes de toutes les couleurs, laissez-les refroidir, assaisonnez-les d'une vinaigrette à votre goût. Dans chaque assiette, couvrez les pâtes avec des lanières de saumon fumé et de lanières de poivron rouge encore plus fines.

JANETTE : Une entrée simple à faire et en même temps délicieuse.

Roulé de saumon fumé

Recouvrez une crêpe très fine de saumon fumé et de fromage à la crème. Roulez la crêpe et coupez en tranches minces.

Crêpes fines avec du pesto

Recouvrez une crêpe très mince de pesto. Roulez-la et coupez-la en tranches.

Ceviche de truite

12 oz (340 g) de truite crue en cubes
2 c. à soupe (30 ml) de courgette en julienne
2 oignons verts tranchés fin
2 c. à soupe (30 ml) de gin ou de jus de citron
2 c. à soupe (30 ml) d'huile d'olive
2 c. à soupe (30 ml) d'estragon frais
jus de limette

Recouvrez les cubes de truite avec la courgette en julienne, les oignons verts, le gin ou le jus de citron, l'huile d'olive et l'estragon frais. Couvrez de jus de limette. Laissez au frigo au moins 1 heure. Servez sur de la laitue.

JANETTE : C'est la spécialité de mon amie Nicole, ma fidèle compagne d'aquaforme.

Bouchées de parmesan de Sylvie

$1/_2$ tasse (125 ml) de parmesan râpé
1 c. à soupe (15 ml) de sauce Worcestershire
$1/_4$ c. à thé (1,25 ml) de sel d'oignon

Tartinez des tranches de baguette de ce mélange. Faites dorer au four à 400 °F (200 °C).

JANETTE : Sylvie est la femme de mon fils Martin, et c'est une cuisinière inventive.

Gravlax

¹/₂ lb (225 g) de filet de saumon de l'Atlantique, cru
¹/₄ tasse (65 ml) de sel de mer
¹/₄ tasse (65 ml) de sucre
grains de poivre
feuilles d'aneth frais et graines d'aneth séchées

Choisissez un filet dans la partie la plus épaisse du saumon. Enlevez les arêtes mais laissez la peau. Dans un petit bol, mélangez le sel de mer, le sucre, le poivre, quelques graines d'aneth et quelques feuilles d'aneth frais. Mettez dans un sac de type Ziploc épais et éliminez l'air. Gardez au frigo 48 heures en retournant fréquemment.

JANETTE : On peut remplacer le sucre par du sucre d'érable. On peut aussi arroser de gros gin. Le gravlax se sert sur des biscottes ou en remplacement dans toute recette de saumon fumé. À mon avis, le gravlax est supérieur au saumon fumé.

Escargots en coquilles de pâte

Prévoyez 2 grosses coquilles par personne. Faites-les cuire _al dente_ dans de l'eau bouillante salée. Nichez de gros escargots dans chaque coquille. Couvrez de beurre à l'ail en crème. Réchauffez au four au moment de servir.

JANETTE : Une entrée étonnante et renouvelée, quand on aime les escargots, évidemment.

Toasts aux champignons sauvages

Achetez des champignons frais ou, mieux, cueillez-les vous-même (cèpes, bolets, chanterelles, marasmes d'oréade, etc.). Nettoyez-les et faites-les revenir dans du beurre et de l'huile d'olive avec un peu d'échalotes françaises et une pointe d'ail. Couvrez de crème 35 % et faites réduire. Ajoutez sel, poivre et muscade. Garnissez-en des toasts de baguette. S'il s'agit de champignons sauvages secs, faites-les tremper 10 minutes dans un peu d'eau, asséchez-les et faites-les revenir dans du beurre.

JANETTE : Je vais à la cueillette de champignons sauvages depuis toujours et j'ai découvert que la meilleure façon de faire goûter les champignons aux amis, c'est de les servir en hors-d'œuvre, de cette manière.

Pâte à choux

1 tasse (250 ml) d'eau
¹/₄ lb (115 g) de beurre
1 tasse (250 ml)de farine
5 œufs moyens ou 4 gros

Chauffez l'eau. Faites fondre le beurre dans l'eau. Quand le beurre est fondu, versez la farine d'un seul coup. Enlevez du feu et ajoutez rapidement les œufs, un à la fois, en brassant vigoureusement à chaque fois. Déposez sur un papier parchemin des choux de deux grosses cuillères à soupe (30 ml) de pâte. Cuisez à 425 °F (220 °C) pendant 20 minutes. Pour faire une gougère, ajoutez 1 tasse (250 ml) de fromage gruyère râpé à la pâte et cuisez en couronne sur du papier parchemin.

JANETTE : La gougère est le hors-d'œuvre préféré de ma fille Isabelle. Si vous êtes invité chez elle, il y a de fortes chances qu'elle vous prépare une gougère. Quant à moi, pour Noël, il m'arrive souvent de servir en amuse-gueule des timbales de pâte à choux garnies de salade de poulet (poulet, céleri, oignon vert, mayonnaise) ou de salade de crevettes (crevettes, céleri, oignon vert, mayonnaise). Le poulet à la king est aussi une garniture de choix. Pour faire grande cuisine, vous pouvez couper la rondelle de la timbale horizontalement et remplir la cavité de homard en crème, de rognons en crème, de ris de veau en crème ou encore de champignons sauvages en crème. C'est une entrée super... crémeuse. J'ai rapporté la recette de la gougère d'un voyage en Suisse et j'ai appris chez les sœurs à faire la pâte à choux.

Biscuits dentelle au parmesan

Faites de fines languettes de parmesan avec un couteau économe. Déposez sur du papier parchemin et cuisez au four à 400 °F (200 °C), quelques minutes. Retirez dès que les biscuits sont dorés.

Rillettes de lapin

J'ai appris de madame Elvire, une Française qui prenait soin de Martin quand il était bébé, à confectionner des rillettes avec les morceaux de lapin que l'on jette habituellement, les pattes du devant et la tête. Je fais revenir ces morceaux dans le beurre et l'huile. Je déglace avec un peu de porto et je mouille de bouillon de poulet pour couvrir. Je cuis sur feu doux jusqu'à ce que la viande se détache des os et qu'il ne reste que quelques cuillerées de bouillon. Je verse dans une assiette à tarte et j'enlève à la fourchette tous les petits os. J'assaisonne avec de l'échalote française grise, de l'oignon vert ou de la ciboulette fraîche de préférence ou de l'estragon, et avec du sel, du poivre en grains et j'ajoute à peu près la même quantité de beurre ou de gras de canard. Je fais prendre au frigo. C'est d'une finesse, d'un goût !

JANETTE : On peut bien sûr acheter un demi-lapin si on a une grosse famille ou un gros appétit. Il m'est arrivé de faire des rillettes de cuisse de dinde en suivant la même recette. Délicieux ! Quant au blanc de poulet, il est trop sec et ne goûte rien. Je vous le déconseille.

Une autre idée simple

Coupez une grosse tranche, épaisse d'au moins 1 po (2,5 cm), dans le meilleur pain blanc possible. Recouvrez d'une préparation en boîte de fondue suisse et faites cuire au four à 350 °F (180 °C) jusqu'à doré.

_____

_____

_____

_____

_____

_____

_____

_____

_____

_____

_____

_____

_____

_____

_____

_____

_____

_____

_____

_____

_____

_____

Ajoutez toujours quelques gouttes de jus de citron ou de vinaigre dans l'eau de cuisson de vos œufs pochés ; ils seront beaux et bons.

Vos recettes de hors-d'œuvre, d'amuse-gueule et d'entrées

_____

_____

_____

_____

_____

_____

_____

_____

_____

_____

_____

_____

_____

_____

_____

_____

_____

_____

_____

_____

_____

_____

_____

_____

Faites tremper une feuille de laurier pendant 1 heure dans votre jus de tomate avant de le servir.

_____

_____

_____

_____

_____

_____

_____

_____

_____

_____

_____

_____

_____

_____

_____

_____

_____

_____

_____

_____

_____

_____

Pour éviter que la coquille de vos œufs ne craque en cuisant, ajoutez 1 c. à thé (5 ml) de sel à l'eau de cuisson.

Soupes

Soupe à l'oignon et à la bière

4 gros oignons espagnols
beurre, huile d'olive
2 boîtes de consommé de bœuf
1 cannette de bière de 355 ml
1 $\frac{1}{2}$ tasse (375 ml) d'eau

Tranchez les oignons et faites revenir au beurre et à l'huile d'olive jusqu'à ce qu'ils soient transparents. Ajoutez le consommé de bœuf, la bière et l'eau. Laissez mijoter une heure à feu doux. Saupoudrez de parmesan râpé et servez.

JANETTE : Vous pouvez aussi faire rôtir des tranches de pain français au four, les beurrer, les déposer sur la soupe, saupoudrer de gruyère et faire gratiner sous le gril quelques minutes.

Soupe à la carcasse de poulet

1 carcasse de poulet ou de dinde
10 tasses (2,5 l) d'eau froide
1 c. à soupe (15 ml) de concentré de poulet
branches de céleri avec les feuilles
1 oignon coupé en morceaux
1 carotte coupée en morceaux
sel, poivre, thym, laurier, sarriette, estragon

Mettez la carcasse dans une grande casserole. Ajoutez, s'il y en a, les restes de sauce et même de farce. Recouvrez d'environ 10 tasses d'eau froide et ajoutez le concentré de poulet. Ajoutez des branches de céleri avec les feuilles, l'oignon et la carotte en morceaux, sel, poivre, thym, laurier, sarriette et estragon au goût.

JANETTE : Laissez mijoter à découvert au moins 2 heures. Écumez de temps à autre. Coulez la soupe et réfrigérez, ou congelez. Ce bouillon va servir de base à bon nombre de soupes et de potages. On peut même le servir tel quel en ajoutant des petites pâtes, des nouilles plates ou du riz.

Minestrone (soupe italienne)

8 tasses (2 l) de bouillon de légumes, de bœuf ou de poulet
carottes
pommes de terre
fèves vertes
fèves jaunes
céleri
brocoli
oignons ou poireau
courgettes
2 boîtes de 28 oz (796 ml) de tomates italiennes en cubes
1 boîte de légumineuses (à votre choix)
parmesan
sel et poivre

Mettez le bouillon et les tomates dans une casserole. Ajoutez les légumes en cubes et laissez mijoter jusqu'à ce les légumes soient *al dente*. Deux minutes avant la fin de la cuisson, ajoutez la boîte de légumineuses préalablement rincées. Servez avec du parmesan fraîchement râpé.

JANETTE : Le minestrone est un classique. Pour en faire une soupe roumaine et un véritable repas, j'ai un truc que j'ai rapporté de Roumanie. Mes enfants ont eu cette soupe roumaine dans leur boîte à lunch toute leur jeunesse. Mon secret : avec du veau haché et du riz non cuit (une grosse, grosse poignée), je fais des petites boulettes de viande de $^1/_2$ po (1,25 cm) de diamètre que je parfume de cumin. J'ajoute sel et poivre. Je laisse cuire les boulettes 15 minutes dans la soupe juste avant de servir. Délicieux, nourrissant, pratique. Une vraie soupe d'hiver.

Soupe aux poireaux et aux pommes de terre

4 poireaux
4 tasses (1 l) d'eau ou de bouillon de poulet
3 pommes de terre moyennes
sel, poivre, thym, laurier

Lavez les poireaux, coupez-les en tranches et faites blondir dans le beurre. Ajoutez l'eau ou le bouillon de poulet. Ajoutez les pommes de terre crues en rondelles et les épices. Laissez cuire 40 minutes. Passez à la moulinette ou au robot. Pour rendre votre soupe plus onctueuse, ajoutez $^1/_2$ tasse (125 ml) de lait ou 2 c. à soupe (30 ml) de crème en prenant soin de réchauffer le lait ou la crème avec un peu de soupe avant de verser dans le casserole. Au moment de servir, ajoutez une noix de beurre. Assaisonnez selon votre goût.

JANETTE : C'est une soupe traditionnelle en France. Elle se mange aussi bien chaude que froide. Comme je n'ai pas l'électricité à la campagne, je me sers d'une moulinette.

Soupe de malade de maman

1 petit oignon haché très fin
2 tasses (500 ml) de lait chaud
5 ou 6 biscuits soda

Faites rissoler l'oignon haché et ajoutez le lait chaud. Écrasez les biscuits soda salés avec un rouleau à pâte et jetez dans la casserole. Faites chauffer sans bouillir pendant 3 ou 4 minutes, poivrez et dégustez.

Vous ferez la soupe claire ou épaisse selon le nombre de biscuits soda utilisés.

JANETTE : Finalement, cette soupe est la base de la soupe aux huîtres, mais sans huîtres. Les enfants adorent, même, en santé. Cette soupe se prépare en deux minutes et ne coûte presque rien. Je me souviens d'avoir feint le mal de ventre juste pour avoir de la soupe de malade.

La crème d'épinards de ma fille Dominique

5 tasses (1,25 l) d'eau
3 cubes de bouillon de poulet
5 c. à soupe (150 ml) de beurre
5 c. à soupe (150 ml) de farine
1 paquet d'épinards frais ou congelés

Préparez un velouté de base ainsi : versez l'eau dans une casserole, ajoutez les cubes de bouillon de poulet. Faites bouillir. Dans un bol, préparez un roux : défaites en crème le beurre et incorporez la farine pour faire une pâte homogène. Cuisez 5 à 10 minutes. Ce roux est la base de tous les potages. Quand le bouillon bout, versez-le sur le roux et brassez vivement avec un fouet. Remettez le tout dans la casserole et refaites cuire en brassant de 3 à 4 minutes. Ajoutez les épinards hachés fin, laissez jeter un bouillon et passez la soupe à la moulinette ou au robot. On peut aussi laisser les épinards coupés très fin dans la soupe.

Pour une soupe plus crémeuse, ajoutez $^1/_2$ tasse (125 ml) de crème 35 % au tout dernier moment ; si vous voulez faire de la fine cuisine, délayez 2 jaunes d'œufs avec du lait ou de la crème ($^1/_2$ tasse [125 ml] à peu près) que vous verserez dans la soupe en brassant au fouet.

JANETTE : Le roux, qui est très facile à faire, est à la base de tous les potages :
tomates, courgettes, céleri, carottes, pois verts, brocoli, oseille...

Crème de verdure

Même préparation de base que la crème d'épinards, mais au lieu des épinards on ajoute :

2 tasses (500 ml) de feuilles d'épinards crus bien tassées
1 tasse (250 ml) de feuilles de laitue
$^1/_2$ tasse (125 ml) de feuilles de céleri
persil
Le tout passé au robot.

Crème d'asperges des super-pressés

1 boîte de crème d'asperges en conserve
$^1/_2$ tasse (125 ml) de crème 15 % ou de lait
8 pointes d'asperges (en conserve)
2 tranches de pain rassis
2 c. à thé (10 ml) de pâte d'anchois en tube
poudre d'ail
4 c. à soupe (60 ml) de beurre

Mélangez au fouet ou avec un batteur à main la crème d'asperges et la crème ou le lait. Faites chauffer. Ajoutez les pointes d'asperges. Enlevez la croûte des tranches de pain, couvrez de pâte d'anchois, découpez en languettes longues de 1 po (2,5 cm) et larges de $^1/_2$ po (1,25 cm). Saupoudrez très légèrement d'ail en poudre et faites frire dans le beurre. Servez la soupe et garnissez de ces croûtons.

JANETTE : J'offre cette recette, parce que c'est mieux que pas de soupe du tout. Mais un potage avec les vrais légumes du marché, c'est tellement meilleur.

Gaspacho express
(soupe froide espagnole)

Pour chaque personne, versez dans un grand bol 1 verre de jus de tomate. Ajoutez, pour chaque verre, 1 c. à soupe (15 ml) de vinaigrette maison à base de vinaigre de vin (2 parties d'huile, 1 partie de vinaigre, ail, sel, poivre), 1 tasse de mie de pain. Réservez. Hachez finement de l'oignon ou de l'oignon vert, et coupez en petits dés du concombre, des tomates, des courgettes, du céleri et du poivron rouge. Faites rôtir du pain au four et coupez en petits dés. Disposez les légumes et le pain dans des plats individuels. Servez le liquide froid dans un bol et chacun se servira de légumes et de pain à son goût. Cette soupe se mange très froide.

JANETTE : La façon la plus rapide, c'est de tout mettre dans le robot quelques secondes.

Les soupes en boîte et moi

Pour les femmes qui travaillent et les étudiants qui n'ont pas le temps de faire de vraies soupes, voici ma façon de «glamoriser» les soupes en boîtes.

À la soupe aux légumes j'ajoute un rien de madère ou de porto ou des restants de viande en fines lamelles, des pâtes ou encore des croûtons à l'ail. Il m'est même arrivé d'ajouter un ou deux foies de volaille hachés fin fin.

Je transforme une soupe aux légumes en boîte ou un minestrone en ajoutant des lardons, des saucisses en tranches, du parmesan, des pâtes.

À une crème de volaille j'ajoute un reste de poulet en dés ou des croûtons beurrés ou 1 c. à soupe (30 ml) de crème battue avec un jaune d'œuf ou un reste de petits pois.

À une crème de champignons j'ajoute du porto, de l'oignon haché, des champignons frits ou je mélange crème de champignons et crème de poulet.

Mes délices en cadeau

Soupe à l'oseille

À un bon bouillon de poulet j'ajoute 1 grosse poignée d'oseille hachée fin. Je fais cuire quelques minutes, j'ajoute sel et poivre. Pour épaissir la soupe, servez-vous soit d'un roux soit de pommes de terre que vous aurez fait cuire en même temps que l'oseille. Passez au robot.

JANETTE : La soupe à l'oseille est un classique en France. Son petit goût citronné me plaît. On peut trouver de l'oseille dans les marchés l'été ou en conserve toute l'année. Moi, j'en fais pousser dans mon jardin et j'en fais des sauces pour poisson, des omelettes et des salades.

Soupe de poisson comme en Provence, d'après Daniel Pinard

8 tasses (2 l) de bouillon de légumes ou de poulet
1 boîte de tomates italiennes
8 pommes de terre Yukon Gold en dés
2 lb (900 g) d'aiglefin frais ou de morue fraîche, ou encore de truite ou de saumon
sel, poivre, safran, cayenne

rouille : 2 gousses d'ail pressées, 2 c. à soupe (30 ml) de paprika hongrois parfumé et 1 tasse (250 ml) de mayonnaise maison, si possible

Dans le bouillon de légumes ou de poulet, laissez mijoter les pommes de terre pendant 15 à 20 minutes. Ajoutez le poisson (frais ou congelé) et laissez frémir 2 à 3 minutes si le poisson est frais, quelques minutes de plus s'il est congelé. Passez au robot, ou laissez tel quel. Garnissez le fond du bol d'une tranche de pain grillé beurré de rouille et saupoudrez de gruyère. Versez dessus la soupe chaude. Pour faire la rouille, mélangez l'ail, le paprika et la mayonnaise. Ajoutez sel et poivre.

JANETTE : J'aime beaucoup la soupe de poisson, et celle de Daniel Pinard, c'est la meilleure.

Stracciatella

4 tasses (1 l) de bouillon de poulet
2 c. à soupe (30 ml) de semoule
2 œufs
2 c. à soupe (30 ml) de parmesan
persil, basilic ou estragon
1 pincée de sucre
muscade
sel et poivre

Dans le bouillon de poulet chaud, mettez la semoule et versez lentement en filet les œufs battus. Battez à la fourchette 4 minutes et, pour finir, ajoutez le parmesan et les assaisonnements. Salez et poivrez.

JANETTE : C'est ma soupe dépanneuse. Ça prend 5 minutes à faire, c'est nourrissant et délicieux. Les œufs forment des filets dans la soupe.

ᴊupe grecque

8 tasses (2 l) d'eau froide
1 petit poulet en morceaux
1 gros oignon
céleri, poivrons, cartottes
$^1/_4$ tasse (65 ml) de riz
2 œufs

Laissez mijoter le poulet et l'oignon à couvert pendant 1 heure. Enlevez le poulet. Passez la soupe au tamis. Ajoutez les autres légumes et le riz au bouillon. Cuisez 20 minutes. Fouettez les œufs, réchauffez-les avec un peu de soupe et versez lentement pour épaissir. Ajoutez le poulet en cube pour terminer.

JANETTE : C'est une variante de la stracciatella mais, plus nourrissante, c'est une soupe-repas. Les œufs ayant été réchauffés, ils ne font pas de filets mais rendent la soupe crémeuse.

Soupe de légumineuses
(flageolets, pois chiches, fèves de lima, etc.)

2 boîtes de légumineuses rincées et égouttées
4 tasses (2 l) de bouillon de poulet
poudre de cari
crème 35 %

Cuisez 15 minutes, passez au robot. Ajoutez la poudre de cari et un filet de crème 35 %. Servez avec du jambon en petits cubes et de l'échalote grise hachée menu.

Potage de petits pois verts congelés

1 grosse pomme de terre
2 poireaux ou 2 oignons
1 lb (454 g) de pois verts congelés
4 tasses (1 l) de bouillon

Faire revenir la pomme de terre et le poireau dans du beurre et de l'huile. Cuisez 10 minutes. Ajoutez les pois congelés. Cuisez 5 minutes. Passez au robot ou à la moulinette. Ajoutez le bouillon. Vous pouvez ajouter de la laitue ou de la menthe. Sel, poivre et sarriette.

JANETTE : Cette soupe se mange froide ou chaude. Quand je la mange froide, j'ajoute de la menthe hachée fin.

Soupe aux poivrons rouges

4 tasses (1 l) de bouillon de poulet
4 ou 5 poivrons rouges pelés et coupés en dés
2 oignons
2 pommes de terre
2 c. thé (10 ml) de paprika
1 c. thé (5 ml) de sucre
sel, poivre, poudre de cari

Dans le bouillon, faites cuire les poivrons rouges avec les pommes de terre et l'oignon pendant $1/2$ heure. Passez au robot. Ajoutez paprika, sucre, sel, poivre et une pointe de poudre de cari. Servez chaude ou froide.

JANETTE : Cette soupe m'attire de nombreux compliments. Elle est vraiment éton-nante. Les invités se demandent ce qu'ils mangent, tellement le goût est subtil. Il me reste à l'essayer avec des poivrons jaunes ou orange.

Soupe froide à l'avocat

4 avocats
2 tasses (500 ml) de bouillon de poulet
jus de citron
$^1/_2$ tasse (125 ml) de crème sûre
quelques gouttes de tabasco
sel, poivre et ciboulette fraîche

Faites chauffer le bouillon de poulet. Ajoutez les avocats. Cuisez 1 minute, ajoutez le reste des ingrédients et passez au robot.

JANETTE : Cette soupe se mange aussi bien froide que chaude. Je vous donne les recettes de base mais l'art culinaire consiste à transformer les recettes, à ajouter les herbes fraîches et les assaisonnements que vous préférez. Suivez votre inspiration.

Soupe froide au concombre

2 concombres anglais ou 5 ou 6 concombres ordinaires
2 tasses (500 ml) de bouillon de poulet
1 c. à soupe (15 ml) d'oignons émincés
sel, poivre, aneth, menthe
2 tasses (500 ml) de yogourt nature

Coupez les concombres en tranches. Ajoutez le reste au bouillon, sauf le yogourt, et cuisez 20 minutesn. Passez au robot puis ajoutez le yogourt. Faites refroidir au frigo. Servez avec un peu de menthe fraîche.

JANETTE : Cette soupe se mange froide uniquement. Un régal.

Potage navet, céleri

Mettez autant de navet que de céleri, faites cuire dans du bouillon de poulet avec un peu d'oignon. Préparez un roux (moitié farine, moitié beurre) pour épaissir le bouillon. Agrémentez de crème et de poudre de cari.

JANETTE : Quand on sait faire un potage, toutes les combinaisons de légumes sont permises. Il s'agit d'avoir de l'imagination, une bonne dose de gourmandise et le goût du risque.

Soupe de lentilles rouges

$^3/_4$ tasse (190 ml) de lentilles rouges sèches rincées
1 boîte de tomates broyées de 28 oz (796 ml)
2 oignons moyens hachés, fondus à la poêle
2 gousses d'ails hachées
8 tasses (2 l) d'eau
2 c. à thé (10 ml) de bouillon de poulet condensé ou 4 cubes
1 poignée de persil frais haché
1 poignée de coriandre fraîche hachée
2 c. à thé (10 ml) de curcuma
1 c. à thé (5 ml) de paprika
1 pincée de cumin
poivre et sel

Laissez mijoter le tout de 1 $^1/_4$ heure à 1 $^1/_2$ heure. Passez au robot.

JANETTE : Une soupe rose délicieuse et surprenante. Une recette de ma fille Dominique.

_____

_____

_____

_____

_____

_____

_____

_____

_____

_____

_____

_____

_____

_____

_____

_____

_____

_____

_____

_____

_____

_____

_____

_____

_____

La couenne de jambon cuite au four à 350 °F (180 °C) pendant 1 heure et coupée en petits morceaux devient un succulent assaisonnement pour les soupes.

Vos recettes de soupes

_____

_____

_____

_____

_____

_____

_____

_____

_____

_____

_____

_____

_____

_____

_____

_____

_____

_____

_____

_____

_____

_____

_____

_____

_____

Pour faire rapidement un consommé au vin, ajoutez 1 c. à soupe (15 ml) de sherry ou de porto, ou 2 c. à soupe (30 ml) de vin rouge pour chaque tasse (250 ml) de consommé ou de bouillon de bœuf. Réchauffez et servez.

_____

_____

_____

_____

_____

_____

_____

_____

_____

_____

_____

_____

_____

_____

_____

_____

_____

_____

_____

_____

_____

_____

_____

_____

_____

_____

_____

Bouillon à l'œuf : dans 1 tasse (250 ml) de bouillon bien chaud, versez un œuf préalablement poché. Saupoudrez de persil.

Poissons

Mon poisson de tous les jours

Donald et moi mangeons beaucoup de poisson. J'ai appris du professeur Henri Bernard à ne pas trop faire cuire les poissons, à utiliser le beurre et l'huile d'olive ensemble pour les faire cuire et surtout à les manger avec des sauces fines. Avec le poisson, je sers habituellement un légume vert : épinards, choux de Bruxelles, asperges. Josée di Stasio m'a appris à faire cuire le bok-choy braisé. J'adore ! J'ai aussi appris d'elle à faire cuire le poisson à 2 po (5 cm) du gril sur une grille déposée sur une lèchefrite à moitié remplie d'eau. Cette méthode garde tout son moelleux au poisson ; et la cuisine sent un peu moins le poisson, comme d'ailleurs lorsqu'on fait pocher le poisson dans l'eau. C'est rapide, facile et, à mon avis, c'est la façon la plus saine de manger le poisson. Vous découvrirez, dans le chapitre sur les sauces, mes façons d'agrémenter le poisson.

Filet de poisson blanc aux amandes

2 c. à soupe (30 ml) de farine
2 c. à soupe (30 ml) d'huile d'olive
1 c. à soupe (15 ml) de beurre
4 filets de morue ou de tout autre poisson blanc
1 pincée de sel par filet

Mettez la farine dans une assiette. Salez les filets et passez-les dans la farine. Allumez le feu (à moyen) et posez-y la poêle dans laquelle vous aurez mis l'huile d'olive et le beurre. Tapotez les filets pour enlever le surplus de farine. Mettez-les dans la poêle et faites dorer 3 minutes de chaque côté.

Sauce : 2 c. à soupe (30 ml) de beurre, 2 pincées de sel,
2 c. à soupe (30 ml) d'amandes effilées, jus de $^1/_2$ citron

Jetez le beurre qui a servi à la cuisson sans nettoyer la poêle et mettez-y 2 c. à soupe (30 ml) de beurre. Quand le beurre est fondu, ajoutez le sel, les amandes effilées, le jus de citron. Laissez cuire 1 minute, versez sur les filets.

JANETTE : Dans une sauce, on peut toujours remplacer le jus de citron par du vin blanc. Je me sers de vermouth blanc ou de Bellini, qui est un vermouth de pomme.

Filet de poisson blanc aux noisettes

1 gros filet par personne (ou 2 petits)
1 œuf battu
$^1/_2$ tasse (250 ml) de lait
$^1/_4$ tasse (65 ml) de noisettes finement moulues

Trempez les filets dans l'œuf battu et dans le lait et ensuite dans les noisettes moulues. Faites fondre du beurre dans la poêle, ajoutez un peu d'huile d'olive et faites frire les filets jusqu'à ce qu'ils soient dorés. Pendant la cuisson, assaisonnez de poivre.

Servez ces filets entourés de pointes d'asperges.

JANETTE : Vous pouvez moudre vos noisettes au robot ou les écraser au rouleau à pâte, dans un sac de type Ziploc.

Saumon cuit dans *La Presse* (de Clairon)

Achetez *La Presse*.

Achetez un saumon frais entier ou encore un saumon entier congelé que vous ferez décongeler. Essuyez le poisson, enlevez les arêtes en passant vos mains sous les arêtes et en dégageant doucement la chair (facultatif). Parsemez l'intérieur du saumon de noix de beurre, de persil, d'oignons verts coupés et de minces tranches de citron. Enveloppez le saumon dans 6 à 8 pages de papier journal en refermant bien les deux bouts. Placez dans une lèchefrite, mettez au four à 300 °F (150 °C), pas plus, pendant 2 heures.

Déballez (la peau restera collée au papier journal) et servez avec une sauce hollandaise ou une sauce beurre citron. Voir *Sauces*.

JANETTE : Les Amérindiens faisaient cuire le saumon dans de l'écorce de bouleau. Pour nous, l'écorce tout indiquée est La Presse. *Surprenant, mais savoureux. Le poisson est tendre, humide et d'un goût délicat. Le papier va roussir mais ne brûlera pas si vous ne dépassez pas 300 °F (150 °C) au four. Si vos invités manquent de conversation, votre façon de cuire le saumon leur en fournira une. Malheureusement, le format du* Journal de Montréal *ne convient pas. La queue et la tête du poisson dépasseraient.*

Paupiettes de sole aux asperges

Prenez des filets de sole ou de tilapia, salez-les, poivrez-les et découpez-les en morceaux de 4 po (10 cm) de longueur. Garnissez chaque morceau d'une asperge, roulez et attachez avec un cure-dents si nécessaire. Faites cuire dans un plat très bien beurré allant au four, à peu près 15 minutes à 350 °F (180 °C). Servez avec une soupe aux asperges ou aux champignons en conserve éclaircie d'un peu de crème.

JANETTE : C'est une recette pour femme occupée ou pour homme peu habile en cuisine mais qui veut impressionner une nouvelle conquête.

Truite meunière

Lavez les truites, essuyez-les, passez-les dans du lait puis dans de la farine. Tapotez les poissons pour enlever l'excès de farine puis faites-les cuire le moins de temps possible dans un mélange moitié beurre, moitié huile jusqu'à ce que la chair change de couleur. Dressez les poissons sur un plat, décorez avec des tranches de citron, saupoudrez de persil, arrosez de beurre noisette très chaud.

JANETTE : C'est un classique de la cuisine française. Le beurre noisette est simple à faire. Il suffit de faire chauffer le beurre jusqu'à ce qu'il prenne la couleur de la noisette. À surveiller de près, le beurre brûle facilement.

La truite à la crème de mon père

Je place mes truites dans un plat allant au four. À l'intérieur de chaque truite, je place de l'oignon vert, de l'oignon ou encore de la ciboulette et je recouvre les truites de crème 15 %. Quand je n'ai pas de crème, je me sers de lait Carnation. Je fais cuire au four à 350 °F (180 °C) durant une demi-heure. J'égoutte les truites et je les sers avec du beurre citron.

JANETTE : C'est la recette idéale pour celles qui n'aiment ni faire à manger ni laver les poêles et qui détestent l'odeur du poisson frit. En plus, le poisson est tendre et juteux.

_____

_____

_____

_____

_____

_____

_____

_____

_____

_____

_____

_____

_____

_____

_____

_____

_____

_____

_____

_____

_____

_____

_____

_____

_____

Recouvrez vos filets de poisson de crème de champignons ou de crème de tomates en conserve et faites cuire au four.

_____

_____

_____

_____

_____

_____

_____

_____

_____

_____

_____

_____

_____

_____

_____

_____

_____

_____

_____

_____

_____

_____

_____

_____

_____

Des crevettes fraîches ou en conserve, des poivrons, des oignons, des champignons, des tranches de tomate, le tout cuit dans du beurre et servi sur du riz constitue un repas savoureux et fin.

_____

_____

_____

_____

_____

_____

_____

_____

_____

_____

_____

_____

_____

_____

_____

_____

_____

_____

_____

_____

_____

_____

_____

_____

_____

Essayez un pâté chinois au saumon. Un rang de saumon en conserve, un rang de maïs en crème, un rang de pommes de terre en purée. Faites gratiner au four.

Viandes

Pot au feu facile

1 rôti de palette de 3 à 4 po (de 7 à 10 cm) d'épaisseur
1 enveloppe de soupe à l'oignon

Enveloppez la viande dans deux grandes feuilles d'aluminium. Saupoudrez du mélange à soupe. Fermez hermétiquement. Placez dans une lèchefrite. Faites cuire à 300 °F (150 °C) pendant 3 heures ou à 250 °F (100 °C) pendant 6 heures.

JANETTE : C'est la recette qui a fait le succès de mon premier livre de recettes. Le rôti de palette est une des parties les moins chères du bœuf mais une des plus goûteuses à cause des os. La facilité de la recette a enchanté des générations d'étudiants, de femmes et d'hommes qui n'ont pas le temps de faire la cuisine. Ce pot au feu se sert avec des pâtes, du riz ou, surtout, des pommes de terre en purée. Des carottes braisées accompagnent divinement ce plat. Vous pouvez, si vous le voulez, asperger la viande de vin rouge avant de la mettre au four. On peut aussi se servir d'un gigot d'agneau congelé pour cette recette. Il faut alors le faire décongeler et enlever tout le gras. C'est encore meilleur que le bœuf.

Mon rosbif

rosbif de 4 lb (1,8 kg)
os (facultatif)
carottes
oignons
céleri
1 boîte de consommé

Je dépose le rosbif sur un nid de légumes et d'os, nid lui-même posé dans une lèchefrite ou poêle allant au four. J'arrose de consommé et je mets le tout dans un four froid. Puis je règle mon four à 300 °F (150 °C) et je laisse cuire la viande pendant 1 $\frac{1}{4}$ heure à partir du moment où le four est à 300 °F (150 °C), ou jusqu'à ce que le thermomètre à viande indique 150 °F (65 °C) pour une cuisson à point, ou 140 °F (60 °C) pour un rosbif saignant.

JANETTE : La viande ne se dessèche pas sur le dessus, elle est d'un beau rouge d'un bord à l'autre et reste juteuse. Il ne faut surtout pas saler la viande avant la cuisson, car ça la durcit. Pour que le rôti soit à son meilleur, tendre et juteux, une fois cuit, je le laisse reposer hors de la lèchefrite dans du papier d'aluminium pendant 10 minutes au moins. J'enlève les légumes et je les jette. Je déglace ma lèchefrite avec un peu de thé chaud, de vin ou de porto. J'assaisonne. Je passe le jus dans un tamis. S'il est trop clair, je fais réduire sur le feu. J'enlève ma lèchefrite du feu et j'ajoute un bon morceau de beurre froid. Il m'arrive de placer sur les tranches de rosbif des rondelles d'os à moelle cuits à l'eau vinaigrée pendant 10 minutes. Si je me sers d'un rosbif congelé, je le fais décongeler 4 à 5 jours au frigo avant de m'en servir, ça l'attendrit.

Pain de viande suisse

2 lb (900 g) de steak haché maigre
1 1/2 tasse (375 ml) de fromage gruyère en cubes
2 œufs battus
1/2 tasse (125 ml) d'oignon haché fin
1/2 tasse (125 ml) de poivron vert haché fin
sel, poivre
1 c. à thé (5 ml) de sel de céleri
1 pincée de paprika
2 1/2 tasses (625 ml) de lait
1 tasse (250 ml) de chapelure

Mélangez tous ces ingrédients. Formez en pain. Faites cuire à 350 °F (180 °C) pendant 1 1/2 heure.

JANETTE : Les restes de pain de viande mélangés à de la sauce tomate font une délicieuse et inattendue sauce à spaghetti. Entre nous, je n'aime pas beaucoup les pains de viande mais celui-ci est juteux, crémeux presque. Excellent. Étonnant de retrouver les morceaux de fromage.

Steak tartare

2 lb (900 g) de steak dans la ronde ou le filet, que vous faites hacher
devant vous par le boucher ou que vous hachez vous-même au couteau
2 jaunes d'œufs
1 c. à thé (5 ml) de moutarde de Dijon
sel, poivre
2 c. à soupe (30 ml) d'huile d'olive
1 citron
1 c. à soupe (15 ml) de ketchup aux tomates
sauce Worcestershire au goût ou sauce piquante
persil, oignon vert, ail, câpres, ciboulette

Mettez dans un bol les jaunes d'œuf, la moutarde, le sel, le poivre. Battez au fouet
ou avec un batteur à main et incorporez l'huile petit à petit. Ajoutez le jus de
citron, le ketchup et la sauce Worcestershire. Brassez bien le tout, ajoutez la
viande hachée, le persil, l'oignon vert haché, un peu d'ail au goût. Pour terminer,
ajoutez quelques câpres. Amalgamez bien le tout et servez soit en petites
boulettes à un buffet froid, soit en grosses boules comme plat de résistance.

JANETTE : L'accompagnement classique : les frites.

Bifteck haché à la manière de Fernand Seguin
(Pour 4 personnes)

Voici une version originale du hamburger, mais je ne la recommande pas à ceux qui préfèrent la viande saignante. Il s'agit d'une préparation très différente, facile à exécuter, et dont le goût doit être apprécié sans comparaison avec le steak haché habituel.

1 ¹/₂ lb (680 g) de bœuf haché
moelle de 2 os à moelle, soit 4 oz (115 g) environ
4 œufs
mie de 2 tranches de pain mise à tremper dans assez de lait pour être bien imbibée
1 oignon moyen haché très fin, revenu au beurre sans le laisser roussir
sel, poivre, muscade
1 verre de vin blanc ou le jus de ¹/₂ citron dans 1 verre d'eau
persil haché

Préparez un hachis avec le bœuf, la moelle écrasée, et ajoutez sel, poivre et muscade au goût. Ajoutez 4 œufs entiers. Ajoutez à la mie de pain bien essorée, l'oignon haché revenu au beurre et mélangez le tout avec le hachis. Laissez reposer une heure. Reprenez le hachis, qui doit être consistant, et façonnez 4 biftecks d'une épaisseur d'au moins 1 po (2,5 cm). Placez les biftecks dans une poêle contenant du beurre et de l'huile. Faites cuire à feu modéré. Gardez au chaud pendant la préparation de la sauce. Déglacez au vin blanc ou au jus de citron ; faites bouillir quelques minutes et finissez avec le persil haché. Versez ce jus sur les biftecks avant de servir.

Selon Fernand Seguin, les biftecks doivent être moelleux à l'intérieur et croustillants à l'extérieur.

JANETTE : Pendant 15 ans, Fernand Seguin et moi avons échangé des recettes. Celle-là, je tenais à vous la faire connaître, elle est savoureuse.

Le jambon dans le foin
«À la manière de Bocuse»

1 jambon avec os, demi cuit
eau
foin

Dans une cocotte avec couvercle, faites un nid de foin. Placez-y le jambon, recouvrez de foin. Ajoutez de l'eau froide pour couvrir. Fermez le couvercle. Faites mijoter à feu très bas sans jamais faire bouillir en calculant 20 minutes par livre (454 g). Laissez tiédir dans l'eau de cuisson. Servez sur un nid de foin frais.

JANETTE : Ce jambon qui a valu à Bocuse sa première médaille d'or est tendre et rose, ne goûte pas le foin et ressemble à s'y méprendre au célèbre jambon d'York. On trouve du foin, l'été, en se promenant à la campagne. Jusqu'à maintenant, aucun agriculteur ne m'a refusé de remplir mon sac vert de foin odorant. Le foin sec se conserve toute l'année. Je vous suggère d'ouvrir les portes et les fenêtres de la cuisine ; ça sent l'étable.

Rognons à la crème

rognons
farine
beurre et huile
1 c. à thé (5 ml) de moutarde forte
3 à 4 c. à soupe (45 à 60 ml) de crème 35 %
2 c. à soupe (30 ml) de porto (facultatif)
sel, poivre

Dénervez les rognons. Coupez en cubes ou en tranches. Saupoudrez de farine. Faites sauter au beurre et à l'huile. Quand ils sont roses à l'intérieur, ajoutez la moutarde forte, la crème 35 % et le porto. Laissez chauffer 2 minutes sans faire bouillir. Salez et poivrez.

Ragoût de pattes et de boulettes du jour de l'An (de mon père)

(Pour 12 personnes)

12 morceaux de patte de cochon avec viande
5 lb (2,3 kg) de porc maigre haché
3 œufs
1 oignon
ail, sel de céleri, clou de girofle moulu, cannelle, muscade, sel, poivre

Faites d'abord rôtir les pattes dans un mélange moitié beurre, moitié huile puis faites-les cuire à l'eau dans une grande casserole. Pendant ce temps, ajoutez au porc haché : l'oignon, l'ail, le sel de céleri, une pincée de clou de girofle, la cannelle, la muscade, le sel, le poivre et les œufs battus. Formez en petites boulettes que vous passerez dans la farine avant de les faire cuire au four sur une tôle à pâtisserie à 400 °F (200 °C). Quand les pattes sont cuites, après environ 2 heures, ajoutez les boulettes et faites mijoter doucement 1 heure de plus.

Préparez de la farine grillée (ou l'acheter) que vous mêlerez à du consommé de bœuf froid en conserve pour épaissir la sauce.

Farine grillée : Étalez de la farine dans des assiettes à tarte. Cuire au four à 350 °F (180 °C) jusqu'à ce que la farine soit brune.

JANETTE : Cette recette a ceci de bon qu'elle se prépare la veille. Il ne reste qu'à la réchauffer et à la servir avec des pommes de terre en purée. C'est péché. Il est recommandé d'aller marcher au moins 1 km avant de se coucher. Mais quel délice et quel souvenir de l'ancien temps !

Escalopes de veau viennoises «dinde/poulet»

Écrasez des escalopes entre 2 papiers cirés avec une spatule en bois ou un rouleau à pâte afin de les amincir. Roulez-les dans du blanc d'œuf en neige ou de l'œuf battu puis dans de la chapelure.

Faites cuire dans la poêle, dans un mélange moitié beurre, moitié huile et déglacez avec du jus de citron ou du vin.

JANETTE : Le veau étant très cher, je sers surtout des escalopes de poulet, de dinde ou même de porc. C'est presque aussi bon et combien plus économique.

Pain de viande traditionnel

**2 lb (900 g) de porc haché
2 lb (900 g) de bœuf haché
1 gousse d'ail écrasée
1 petit oignon haché fin
1 boîte de purée de tomate
1 tasse (250 ml) de biscuits soda écrasés
2 boîtes de crème de tomates (soupe)
sel, poivre et assaisonnements au goût
tranches de bacon**

Mélangez. Façonnez en pain. Couvrez de tranches de bacon. Faites cuire 1 heure à 350 °F (180 °C).

JANETTE : N'oubliez pas que les restes de pain de viande ajoutés à de la sauce tomate font une très bonne sauce à spaghetti. Pour «glamoriser» ce pain, je le fais cuire enroulé dans de la pâte feuilletée achetée congelée. Pour un jeune homme qui veut épater une jeune fille : magique !

Mon gigot d'agneau

(Pour 6 personnes)

1 gigot d'agneau d'environ 3 lb (1,4 kg)
2 gousses d'ail
carottes, oignons, navets
1 boîte de consommé de bœuf
moutarde de Dijon
romarin ou sauge

Piquez votre gigot d'ail et de romarin ou de sauge fraîches si possible. Enduisez-le entièrement de moutarde. Placez sur un nid de légumes. Arrosez d'une boîte de consommé. Faites rôtir dans un four à 400 °F (200 °C) 10 minutes par livre (454 g) pour un gigot saignant. Il est cuit à point lorsque le thermomètre à viande indique 140 °F (60 °C). Servez avec des flageolets en boîte rincés et réchauffés.

JANETTE : Il est important d'envelopper le gigot d'agneau cuit dans du papier d'aluminium pour qu'il se détende et devienne tendre. Je vous suggère de vous procurer un thermomètre à viande, essentiel si on veut que la cuisson soit parfaite.

Steak de Donald

1 steak dans n'importe quelle partie

Insérer un thermomètre à viande dans le steak. Dans une poêle en acier inoxydable (très important), Donald met un peu d'huile et de beurre. À feu vif, il fait saisir un côté du steak pendant 1 minute ou 2, et il réduit à feu doux. À 130 °F (55 °C) au thermomètre, il remet à feu vif et il tourne le steak pour 1 minute ou 2. Il remet à feu doux. Il retire la pièce de viande à 130 °F (55 °C). Il enveloppe ensuite le steak dans un papier d'aluminium épais, tout en le laissant partiellement ouvert. Il dépose le steak sur la cuisinière pour le garder au chaud. Il remet la poêle à feu vif et déglace avec du vin rouge ou du porto. Hors du feu, il ajoute quelques carrés de beurre froid, le jus de la viande contenue dans le papier d'aluminium, du sel et du poivre.

JANETTE : Donald a été mon marmiton pendant des années. Et puis, petit à petit, il s'est mis à faire la cuisine. Au début, j'ai éprouvé quelques difficultés à le laisser prendre ma place mais, maintenant, j'en profite et je dois admettre qu'il fait mieux le steak que moi. C'est pour cette raison que je partage son secret avec vous.

Osso buco

6 tranches de jarret de veau de 2 po (5 cm) d'épaisseur
3 oz (45 g) de beurre
2 grosses carottes
2 gros oignons
3 branches de céleri
2 gousses d'ail (facultatif)
farine, sel, poivre
2 c. soupe (30 ml) d'huile d'olive
2 boîtes de tomates italiennes entières
$^1/_2$ tasse (125 ml) de vin rouge (facultatif)
1 boîte de consommé de bœuf
basilic, thym, laurier,

Gremolada : 1 c. thé (5 ml) de fines languettes de pelure de citron
         1 c. thé (5 ml) de zeste de citron
         3 c. à soupe (45 ml) de persil haché

Faites revenir dans la poêle les légumes en cubes : carottes, céleri, oignon, ail. Transférez les légumes dans une cocotte en terre cuite ou en fonte émaillée. Farinez vos tranches de jarrets de veau et faites-les revenir dans moitié huile moitié beurre. Ajoutez le reste, sauf la gremolada. Déposez les jarrets et tous les ingrédients dans la cocotte, couvrez et cuisez à 350 °F (180 °C) pendant 2 heures. Quand l'osso buco est cuit, parsemez de la gremolada. Servez avec du riz, des pâtes ou des pommes de terre en purée.

JANETTE : Je prépare des jarrets de porc de la même façon.

Mon rôti de porc

Au fil des années, j'ai changé ma façon de cuire le rôti de porc. J'ai appris de mon amie Clairon à faire mariner le rôti de porc, fesse ou longe, dans de la saumure composée de 12 tasses (3 l) d'eau, de $^1/_2$ tasse (125 ml) de gros sel et de $^1/_2$ tasse (125 ml) de sucre. Après avoir laissé mariné au moins 24 heures, j'essuie la viande, la fais rôtir dans moitié beurre moitié huile et la mets au four à 350 °F (180 °C) jusqu'à ce que mon thermomètre indique 140 °F (60 °C). Je retire du four, je l'enveloppe dans du papier d'aluminium et je laisse détendre la viande 15 minutes. Je déglace avec du vin ou du porto, j'enlève du feu et j'ajoute du beurre froid.

JANETTE : Le porc sera tendre, juteux et goûteux. Je préfère le rôti avec les os, car la sauce est meilleure. Au trentième anniversaire de mon petit-fils Olivier, j'ai servi à ma famille (14) une longe complète de porc que Donald coupa en tranches d'un pouce. J'ai eu plein de becs.

Rôti de porc au beurre d'arachide

1 rôti de porc dans la longe sans les os
1 pot de beurre d'arachide croquant, le plus naturel possible

Chez votre boucher, faites enlever les os d'une longe de porc de la grosseur de votre appétit. Enlevez le plus de gras possible. Badigeonnez le rôti de tous bords, tous côtés avec le beurre d'arachide. Faites cuire au four à 350 °F (180 °C) le temps que le thermomètre à viande marque 140 °F (65 °C). Retirez du four, enlevez le beurre d'arachide et laissez-le dans la lèchefrite. Enveloppez le rôti dans du papier d'aluminium et laissez détendre la viande 15 minutes. Déglacez le beurre de cacahuète avec de la crème 35 %. Versez un mince filet de cette sauce divine sur de minces tranches de rôti de porc.

JANETTE : Josée di Stasio, qui, comme moi, veut toujours ajouter quelque chose aux recettes, me suggère d'ajouter un peu de piment à la sauce et quelques gouttes de sauce tamari.

Vitello tonnato
(Pour 6 personnes)

Rôti de veau de 3 lb (1,3 kg)
1 boîte de 1 $^3/_4$ oz (45 g) de filets d'anchois plats, rincés
1 gousse d'ail
2 carottes
3 branches de céleri
5 tasses (1,25 l) de bouillon de poulet
1 $^1/_2$ tasse (375 ml) de vin blanc
2 oignons
persil

Sauce au thon : 1 $^1/_2$ c. soupe (20 ml) de câpres
$^3/_4$ tasse (190 ml) d'huile d'olive
1 jaune d'œuf
1 boîte de 6 oz (170 g) de thon blanc dans l'eau
2 c. soupe (30 ml) de jus de citron
$^1/_4$ tasse (65 ml) de crème
filets d'anchois

Avec la pointe d'un couteau, faites des entailles dans le rôti. Introduisez 4 filets d'anchois en lanières (préalablement rincés et asséchés). Faites de même avec l'ail. Placez le veau dans une casserole et couvrez d'eau froide. Ajoutez les carottes et le céleri en morceaux. Couvrez à moitié et faites mijoter pendant 2 heures ou jusqu'à ce que le veau soit cuit (140 °F [60 °C]). Réservez $^1/_4$ de tasse (65 ml) de bouillon pour la sauce, faites refroidir le rôti. Couvrez le reste des anchois avec de l'eau et faites tremper 10 minutes. Asséchez et coupez finement. Dans un robot, mettez tous les ingrédients de la sauce au thon. Ajouter les câpres en dernier. Pour servir, coupez le veau froid en tranches très minces. Trempez chaque tranche dans la sauce et garnir une assiette de ces tranches. Décorez le centre de l'assiette avec un peu de salade verte, des olives noires et du jaune d'œuf cuit et râpé.

JANETTE : C'est un plat d'été merveilleux que j'ai appris à faire chez mon ami Robert Arslanian, chef du traiteur Alexis. C'est un classique italien et un plat d'été original. On sert avec un salade verte.

Rôti de porc congelé

Si vous avez oublié de décongeler votre rôti de porc, mettez-le au four à 175 °F (80 °C) pendant 8 heures au minimum ; il sera parfait.

Daube provençale

4 lb (1,8 kg) de bœuf ou de veau en cubes
$1/2$ lb (225 g) de bacon non tranché ou de lardons
lanières de couenne
6 carottes
6 panais
1 petit navet
$1/2$ tasse (125 ml) de vinaigre de vin
écorce d'orange en lanières
zeste d'orange râpé
clou de girofle
quatre-épices

Enfarinez vos cubes. Faites revenir dans le beurre et l'huile avec vos cubes de bacon ou de lardons. Faites revenir les lanières de couenne. Déposez le tout dans une cocotte, avec le reste des ingrédients. Cuisez à 300 °F (150 °C) de 3 à 4 heures.

JANETTE : Les hommes sont fous de la daube provençale. Les plats mijotés leur rappellent leur enfance. Ils en sont tout mous d'émotion. On peut aussi faire la daube provençale avec de l'agneau, du porc, du chevreuil ou un autre gibier.

Rôti de porc au thé

Macérez le rôti dans du thé auquel on a ajouté un peu de sauce soya et du gingembre frais. Le lendemain, essuyez la viande, sautez à la poêle et faites cuire au four à 275 °F (135 °C) jusqu'à ce que le thermomètre soit à 130 °F (55 °C). Retirez du feu, enveloppez de papier d'aluminium et déglacez la poêle avec la marinade.

Boulettes d'agneau

1 lb (454 g) d'agneau haché
2 œufs
¹/₃ tasse (85 ml) de chapelure
oignons cuits caramélisés
pignons rôtis
cumin
piment de cayenne
sel, poivre

Mélangez le cumin, le piment de Cayenne, les oignons cuits caramélisés, les pignons rôtis. Salez et poivrez. Ajoutez à la viande. Formez des boules avec la viande, mettez sur une tôle à pâtisserie et cuisez au four à 350 °F (180 °C) pendant 20 à 30 minutes. Servez les boulettes avec une sauce faite de yogourt, de menthe fraîche et de jus de citron.

JANETTE : Il m'arrive de servir ces boulettes froides en apéritif. Alors, je les fais plus petites et j'orne d'un cure-dents. Chacun trempe sa boulette dans la sauce ci-haut mentionnée.

_____

_____

_____

_____

_____

_____

_____

_____

_____

_____

_____

_____

_____

_____

_____

_____

_____

_____

_____

_____

_____

_____

_____

_____

_____

Coupez une gousse d'ail en deux, passez-la dans de l'huile d'olive, roulez-la dans le romarin et utilisez-la pour piquer votre rôti de porc.

Pour réchauffer un reste de rosbif, enveloppez-le avec sa sauce dans du papier d'aluminium. Faites chauffer pendant $1/2$ heure dans un four à 350 °F (180 °C) ou, mieux encore, quelques secondes dans le four micro-ondes.

Vos recettes de viande

Sortez vos pièces de viande du réfrigérateur au moins 2 heures avant de les faire rôtir ; elles seront plus tendres.

Volailles

Poulet au gros sel

1 poulet
12 tasses (3 l) de gros sel

Allumez le four à 350 °F (180 °C). Versez 2 tasses (500 ml) de gros sel dans votre cocotte de fonte émaillée. Posez le poulet sur le sel. Versez autour du poulet 6 tasses (1,5 l) de gros sel et 4 tasses (1 l) sur le poulet. Mettez le couvercle sur la cocotte et fermer hermétiquement avec du papier alu. Laissez cuire au four 2 heures. Brisez délicatement la croûte de sel pour sortir le poulet.

JANETTE : Étonnant, le poulet est rôti, juteux et salé à point. C'est à n'y rien comprendre. Heureusement, le sel peut servir plusieurs fois.

Mon poulet de semaine

1 poulet en morceaux
1 boîte de crème de champignon
1 tasse (250 ml) de crème 15 %
sel, poivre, paprika

Placez le poulet assaisonné dans une lèchefrite beurrée. Faites chauffer la soupe avec la crème. Versez sur le poulet. Laissez cuire à 350 °F (180 °C) pendant 1 heure.

JANETTE : Je prépare de la même manière des côtelettes de porc mais je les laisse cuire $^1/_2$ heure de plus. Et, bien sûr, on peut ajouter des champignons sauvages ou cultivés à la crème de champignons.

Poulet aux 40 gousses d'ail

2 poulets en morceaux
ou
8 cuisses
ou
8 poitrines
ou
1 gros poulet
$^2/_3$ tasse (170 ml) d'huile d'olive
4 morceaux de céleri (en bâtons)
1 c. à soupe (15 ml) d'estragon frais
40 gousses d'ail épluchées, non coupées
persil, estragon, sel, poivre, muscade,
$^1/_2$ tasse (125 ml) de cognac (facultatif)

Dans une cocotte de fonte émaillée, mettez l'huile, le céleri, le persil, l'estragon, le sel, le poivre, la muscade, le cognac (facultatif) et les 40 gousses d'ail.

Ajoutez le poulet. Mettez le couvercle sur la cocotte et fermez hermétiquement avec une colle faite de farine et d'eau ou avec du papier d'aluminium. Laissez cuire 2 heures à 350 °F (180 °C). Servez le poulet avec sa sauce et tartinez des triangles de pain grillé avec l'ail en purée.

JANETTE : Il faut l'essayer pour le croire ! Le poulet est tendre et ne goûte pas trop l'ail. L'ail est tellement cuit qu'on peut en tartiner le pain. C'est d'un goût fin, d'une odeur... Et quel sujet de conversation autour de la table !

Cuisses ou pilons de poulet croustillants

Trempez des cuisses ou des pilons de poulet avec ou sans peau dans de l'œuf battu, roulez-les soit dans des miettes de Corn Flakes, dans de la chapelure, des miettes de biscuits soda ou, encore mieux, dans des chips barbecue écrasées. Placez le poulet sur du papier parchemin et faites cuire à 350 °F (180 °C) pendant 1 heure.

JANETTE : Les enfants en redemandent ! Et les cuisses se mangent aussi bien chaudes que froides. C'est un must pour les fêtes d'enfants et pour les étudiants gourmands.

Divan de dinde ou de poulet

(Pour 5 personnes)

3 tasses (750 ml) de restes de poulet ou de dinde
1 boîte de crème de poulet additionnée d'un peu de crème 15 % et
de 2 c. à soupe (30 ml) de porto (facultatif)
brocoli congelé ou frais cuit
$\frac{1}{2}$ paquet de fettucini
fromage gruyère ou parmesan

Dans un plat beurré allant au four, mettez le quart de la crème, ajoutez le brocoli. Ajoutez le poulet ou la dinde et, sur le dessus, les nouilles cuites. Recouvrez du reste de la crème. Saupoudrez généreusement de gruyère. Faites cuire 20 minutes à 350 °F (180 °C).

JANETTE : Cette recette multipliée par 2, 4 ou 6 deviendra la pièce de résistance d'un buffet chaud. C'était le plat préféré de Martin quand il était jeune. Sylvie, sa femme, lui en fait régulièrement.

Poulet sauce ivoire

Faites revenir 1 poulet coupé en morceaux dans un mélange moitié beurre moitié huile. Couvrez et laissez cuire 40 minutes. Réservez. Faites fondre dans une casserole 3 c. à soupe (45 ml) de beurre. Ajoutez en brassant 4 c. à soupe (45 ml) de farine. Mélangez bien.

Ajoutez 2 tasses (500 ml) de bouillon de poulet. Brassez à feu doux jusqu'à ce que la sauce soit lisse et épaisse. Tout en brassant sans arrêt, ajoutez :

4 c. à soupe (60 ml) de crème 35 %
1 c. à soupe (15 ml) de beurre
sel, poivre

Enlevez du feu. Aromatisez avec 1 c. à thé (5 ml) d'estragon frais. Versez sur le poulet et servez avec du riz.

Mon chapon rôti

1 chapon de 6 lb (2,7 kg)
ou
1 petite dinde (si vous avez une dinde de 12 lb [environ 5,5 kg], doublez la farce)
$^1/_2$ lb (225 g) de porc maigre haché
$^1/_2$ lb (225 g) de veau maigre haché
2 blancs d'œufs montés en neige
sel, poivre
1 c. à thé (5 ml) de quatre-épices
2 oz (30 ml) de cognac (facultatif)
1 c. à soupe (15 ml) d'oignon haché
$^1/_2$ tasse (125 ml) de pistaches hachées ou autres noix
$^1/_2$ tasse (125 ml) de bouillon de poulet
2 jaunes d'œufs battus
$^1/_4$ tasse (65 ml) de chapelure

Mélangez tous les ingrédients au robot. À l'intérieur du poulet, placez un quignon de pain frotté d'ail. Décollez avec vos mains la peau qui recouvre les blancs (les trois quarts de la surface seulement), tassez bien la farce entre la peau et la chair des blancs. Badigeonnez le poulet très généreusement d'huile d'olive. Mettez les abats de poulet dans une lèchefrite avec carottes, oignons, céleri. Placez le poulet sur ce nid de légumes et d'abats. Faites cuire de 30 à 35 minutes par livre (454 g) à 300 °F (180 °C) ou jusqu'à 185 °F (85 °C) au thermomètre. Quand le poulet est cuit, déglacez avec du vin blanc, ou de l'eau et du citron, ou du thé. Coulez la sauce. Réduisez-la, épaississez avec de la fécule de maïs diluée avec du vin blanc. Pour lustrer le chapon, faites fondre 2 c. à soupe (30 ml) de beurre dans une petite poêle ; quand le beurre commence à mousser, versez sur le chapon.

Poitrines de poulet à la florentine

Faites cuire des poitrines coupées en deux dans un mélange moitié beurre moitié huile. Quand elles sont cuites, placez-les dans une lèchefrite garnie de papier parchemin, recouvrez chaque poitrine d'une tranche de jambon et d'une tranche de gruyère.

Faites chauffer 10 minutes dans un four à 400 °F (200 °C). Servez avec une sauce ivoire (voir *Poulet sauce ivoire*) et des nouilles plates.

JANETTE : Je n'aime les blancs de poulet qu'améliorés, déguisés, arrosés de bonnes sauces. J'ai pris cette recette à Florence, en Italie, et je la fais depuis 50 ans avec succès !

Tourtière sexy

recette de votre pâte à tarte favorite

4 poitrines de poulet
1 ¹/₂ lb (680 g) de porc haché
beurre, huile d'olive
oignon ou oignon vert
1 boîte de champignons frais ou 1 tasse (250 ml) de champignons sauvages séchés, trempés dans l'eau ¹/₂ heure
4 oz (140 ml) de vin blanc (ou le jus d'un citron et 3 oz [105 ml] d'eau)
sel, poivre, sarriette, canelle, clou de girofle
1 boîte de consommé de bœuf
1 c. à soupe (15 ml) de fécule de maïs
persil

Dans une poêle, faites revenir dans de l'huile et du beurre les morceaux de poulet désossés et coupés en cubes. Enlevez-les quand ils sont dorés. Déglacez la poêle avec du vin blanc et jetez la sauce sur les morceaux de poulet. Remettez un peu d'huile et de beurre dans la poêle, faites revenir l'oignon et les champignons. Enlevez de la poêle. Déglacez au vin blanc ou au porto et ajoutez le consommé. Délayez la fécule dans un peu d'eau et remettez à bouillir avec le consommé jusqu'à épaississement de la sauce. Ajoutez le porc haché, mélangez et faites mijoter 10 minutes à feu très doux. Ajoutez les autres ingrédients. Foncez une grande assiette à tarte (ou plusieurs petites) de pâte à tarte. Remplissez de la farce et de son jus, assaisonnez. Recouvrez de pâte et faites cuire dans un four à 435 °F (225 °C) pendant 20 à 30 minutes.

JANETTE : C'est la recette d'Henri Bernard, mon professeur de cuisine d'il y a des lustres. Je n'ai jamais cessé de la faire. Ces tourtières sont d'un goût très raffiné, elles sont faciles à congeler et je les sers tout au long de l'année. Je tiens pour acquis que vous faites toujours des ouvertures dans la pâte pour laisser sortir la vapeur.

_____*Mes délices en cadeau*

Poulet à la bière

1 poulet en morceaux
1 petite bouteille de bière
$^1/_2$ tasse (125 ml) de crème 35 %
1 casseau de champignons

Dans une cocotte, sautez le poulet dans moitié beurre moitié huile. Ajoutez la bière. Cuisez au four 40 minutes à 350 °F (180 °C). Réservez le poulet. Réduisez la sauce à $^1/_2$ tasse (125 ml). Ajoutez la crème et les champignons déjà cuits dans moitié beurre, moitié huile.

JANETTE : On peut faire ainsi à la bière le porc ou le bœuf en cubes.

Poulet au vinaigre de framboise

1 poulet en morceaux
$^1/_4$ tasse (65 ml) de vinaigre de framboise
1 gousse d'ail
2 tomates en cubes
$^1/_2$ tasse (125 ml) de crème 35 %
sel et poivre

Sautez le poulet dans moitié beurre moitié huile, déglacez au vinaigre de framboise. Ajoutez 1 ou 2 tomates concassées ou $^1/_2$ boîte de tomates en conserve. Mettez au four 45 minutes à 350 °F (180 °C), réservez le poulet, réduisez la sauce et ajoutez la crème.

JANETTE : Cette recette faisait fureur, à Paris, il y a quelques années. Je continue à la faire.

Poulet cordon-bleu

Aplatissez des poitrines de poulet entre deux feuilles de papier ciré. Couvrez le poulet de tranches minces de gruyère et de jambon. Faites des rouleaux retenus par des cure-dents. Passez dans la farine, l'œuf battu et la chapelure. Cuisez dans un poêlon avec un peu de beurre et d'huile. Déglacez au vin blanc, ajoutez du beurre hors du feu.

Poulet tandoori

Faites macérer des cuisses de poulet ou des hauts de cuisse de poulet pendant 3 heures au moins dans du yogourt nature et 1 c. à soupe (15 ml) de garam masala. Cuisez à 400 °F (200 °C) de 30 à 45 minutes. Servez tel quel.

JANETTE : Le garam masala se vend presque partout. C'est un mélange d'épices de l'Inde. Les enfants en redemandent.

Poitrine de poulet marinée pour salade

1 $^1/_2$ lb (680 g) de poitrine de poulet

Cuire 15 minutes au court-bouillon (eau avec 1 carotte, 1 oignon et un petit peu de vin). Faites une marinade avec de l'huile, du jus de citron, du vinaigre balsamique, un peu de sucre, des clous de girofle, des raisins secs. Réfrigérez le poulet dans la marinade et, une fois les poitrines refroidies, servez-les sur des tomates avec des pignons rôtis. Vous pouvez aussi remplacer la marinade par une vinaigrette au pesto.

Poulet dans la saumure.

Trempez un poulet dans 12 tasses (3 l) d'eau et $^1/_3$ de tasse (85 ml) de gros sel pendant 12 heures. Essuyez. Déposez le poulet sur un nid d'oignons et de légumes dans une lèchefrite. Cuisez 1 heure à 400 °F (200 °C).

JANETTE : La saumure fait toute la différence. Le poulet est tendre et juteux. Pour le barbecue, je dépose mon poulet dans l'eau froide, je fais cuire jusqu'au premier bouillon. Puis je mets sur le barbecue. Superbe, tout aussi juteux et ça cuit en la moitié moins de temps.

Poule au pot farci

Farcissez un poulet avec du porc haché, des foies de poulet hachés, de l'oignon, des herbes de Provence, des œufs et de la chapelure. Déposez le poulet dans l'eau froide. Pochez 1 heure. Au bout de $^1/_2$ heure, ajoutez carottes, navets, fèves vertes ou jaunes, chou, oignon, etc. Servez le poulet entouré de ses légumes. Ornez de riz basmati.

Blancs de poulet, 3 recettes

Fines herbes et parmesan

Trempez les blancs de poulet dans de l'œuf battu, puis les enrober dans de la chapelure au parmesan, fines herbes et persil. Sautez dans moitié beurre, moitié huile.

Strogonoff

Saupoudrez les blancs de poulet de paprika. Faites sauter dans le beurre et l'huile, et ajoutez de la crème sûre à la fin de la cuisson.

Aux pacanes

Découpez les blancs de poulet en lanières, trempez dans l'œuf battu, puis dans la chapelure et les pacanes hachées.

JANETTE : Le veau et le porc en escalopes peuvent remplacer le blanc de poulet, même que, souvent, le porc est plus goûteux.

Poulet aux pruneaux et au miel en cocotte

6 ou 8 morceaux de poulet
1 c. à thé (5 ml) de safran
1 bâton de cannelle
1 oignon tranché
1 c. à soupe (15 ml) de miel
10 pruneaux
$^1/_2$ tasse (125 ml) d'amandes blanchies
$^1/_2$ tasse (125 ml) de graines de sésame

Mettez les morceaux de poulet dans la cocotte. Ajoutez le safran, le bâton de cannelle, l'oignon tranché et le miel. Faites cuire au four à 350 °F (180 °C) pendant 1 heure. Lavez les pruneaux et ajoutez-les. Cuisez 15 minutes. Faites sauter les amandes blanchies dans de l'huile. Passez les graines de sésame au four et ajoutez au moment de servir. Gros succès !

JANETTE : Pour cette recette, je préfère la cocotte en terre cuite que je fais tremper dans l'eau pendant 15 minutes avant de m'en servir.

Poulet au citron

1 poulet de 3 lb (1,3 kg)
2 citrons percés de 20 trous chacun

Mettez les citrons dans la cavité du poulet. Salez la peau. Cuisez à 375 °F (180 °C) pendant 1 $^1/_2$ heure. Enveloppez le poulet dans du papier d'aluminium et laissez-le reposer 10 minutes. Servez avec le jus du poulet.

JANETTE : Guy Fournier met le zeste des deux citrons (un vert et un jaune) sur le poulet avec un peu d'huile et ajoute les citrons vert et jaune dans la cavité du poulet. Les deux façons sont bonnes. Celle de Guy est un peu meilleure, je dois l'avouer.

Poulet crapaudine sur le barbecue

Coupez le poulet par le dos avec des ciseaux, aplatissez en crapaud. Badigeonnez d'huile, de sel et de poivre. Cuisez au barbecue environ 20 à 30 minutes jusqu'à ce que le thermomètre à viande indique 160 °F (71 °C).

JANETTE: Mon fils Martin, un as du barbecue, ne jure que par cette recette. Ça sauve du temps de cuisson et ça se découpe mieux. Cré Martin !

Poulet à la king

4 c. à soupe (60 ml) de beurre
1 tasse (250 ml) de champignons en lamelles
$^1/_2$ tasse (125 ml) de poivron vert en petits cubes
$^1/_2$ tasse (125 ml) de poivron rouge en petits cubes
4 c. à soupe (60 ml) de farine
4 c. à soupe (60 ml) de beurre
1 tasse (250 ml) de bouillon de poulet
1 $^1/_2$ tasse (375 ml) de crème 15 %
2 tasses (500 ml) de poulet cuit en cubes
1 c. à soupe (15 ml) de persil haché
sel, poivre, estragon

Faites fondre le beurre, ajoutez champignons et poivrons. Tournez et cuisez 5 minutes. Faites un roux avec le beurre et la farine (4 c. à soupe [60 ml] de chaque). Ajoutez le bouillon de poulet et la crème. Cuisez 5 minutes. Ajoutez le poulet, cuisez 5 minutes et servez sur des timbales de pâte feuilletée ou encore sur des toasts épaisses de 2 po (5 cm).

JANETTE: Les enfants sont fous du poulet à la king. Ça se mange tout seul et c'est complet. Je fais ce plat de mon enfance au moins une fois chaque année, et c'est toujours une fête.

Cari de poulet pour party
(Pour 20 personnes)

$^1/_2$ tasse (125 ml) d'huile d'olive
2 pommes vertes
4 c. à soupe (60 ml) de poudre de cari
4 c. à soupe (60 ml) de farine
2 oz (110 g) de beurre
2 oignons tranchés
1 grosse carotte
2 branches de céleri
1 c. à soupe (15 ml) de ketchup
2 tasses (500 ml) de bouillon de poulet
1 c. à soupe (15 ml) de jus de citron
1 c. à thé (5 ml) de moutarde de Dijon
1 c. à soupe (15 ml) de miel
1 bâton de cannelle
$^1/_4$ de c. à thé (1,25 ml) de gingembre, de cardamome et de clou de girofle moulu
5 ou 6 poitrines de dinde ou de poulet

Chauffez l'huile, faites cuire les pommes 5 minutes. Ajoutez le cari et faites cuire 5 minutes encore. Ajoutez la farine et faites cuire 5 minutes, ce qui fait 15 minutes en tout. Ajoutez tout le reste, sauf le poulet, et faites réduire tout doucement sur le feu pendant 1 heure. Passez au robot. Pochez des poitrines de poulet ou des poitrines de dinde dans du bouillon de poulet pendant 1 $^1/_2$ heure. Coupez-les en cubes et mettez-les dans la sauce. Déposez sur un réchaud au milieu de la table avec un plat de riz basmati. Autour de ces deux plats, placez des plateaux de pistaches, de bananes tranchées, arrosés de chutneys de mangue, de pêche, de figue, de noix de coco grillée ou nature, de noix d'acajou, de figues hachées, de pruneaux hachés, etc.

JANETTE : Ce cari de poulet est le plat idéal pour recevoir 20 personnes à la fois, debout. Il se prépare la veille, peut se réchauffer facilement et chaque personne agrémente son cari comme elle l'entend. C'est délicieux et spectaculaire. C'est un succès assuré lorsqu'il y a trop d'invités pour les asseoir à table. Ce plat se mange à la fourchette. Merci, Clairon, de me permettre de partager un de tes grands succès culinaires.

Poulet sur cannette de bière au barbecue

1 cannette de bière de 355 ml
1 poulet de 3 $^1/_2$ à 4 lb (de 1,6 à 1,8 kg)
$^1/_4$ tasse (65 ml) d'assaisonnement barbecue :

Assaisonnement
$^1/_4$ tasse (65 ml) de cassonade bien tassée, $^1/_4$ tasse (65 ml) de paprika
doux, 3 c. à soupe (45 ml) de poivre noir, 3 c. à soupe (45 ml) de gros
sel, 2 c. à thé (10 ml) de poudre d'ail, 2 c. à thé (10 ml) de poudre
d'oignon, 2 c. à thé (10 ml) de graines de céleri, 1 c. à thé (5 ml) de
piment de Cayenne (Cette marinade sèche se conserve 6 mois dans un
bocal hermétique.)

Lavez le poulet, essorez-le puis recouvrez-le de $^1/_4$ de tasse (65 ml) du mélange
d'assaisonnement. Ouvrez la cannette de bière, faites des trous dans le couvercle
et videz-en la moitié dans une lèchefrite. Assoyez solidement le poulet sur la cannette à moitié pleine et déposez dans la lèchefrite. Mettez la lèchefrite au dessus
de la grille sans feu. Ouvrez le feu de votre barbecue du côté opposé au poulet.
Rabaissez le couvercle du barbecue et cuire 1 à 1 $^1/_2$ heure selon la grosseur du
poulet ou jusqu'à 180 °F (82 °C) au thermomètre à viande. À la fin de la cuisson,
mettez le poulet dans une assiette, couvrez-le de papier d'aluminium. Videz le
restant de la bière dans la lèchefrite et réduisez sur le feu. La sauce sera onctueuse et savoureuse. Attention : le poulet ne cuit pas sur le feu mais à côté du
feu !

JANETTE : Ricardo m'a fait découvrir cette recette étonnante. (Je suis une fan.) Ce
poulet à la bière est une trouvaille délectable qui fait jaser ! Le poulet n'est pas
rôti mais cuit à la vapeur de bière. Jamais je n'ai mangé un aussi bon poulet.
L'essayer, c'est l'adopter. Les hommes virtuoses du barbecue adorent cette recette
d'homme.

Cuisse de canard confite rapide

Achetez des cuisses de canard malard (canard gavé) bien grasses. Enveloppez-les individuellement dans 2 rangs de papier d'aluminium. Mettez au four dans une lèchefrite. Cuisez à 325 °F (165 °C) pendant 4 heures. À la fin de la cuisson, enlevez le gras fondu, que vous garderez au frigo pour faire des pommes de terre sautées.

JANETTE : Cette recette est vraiment extraordinaire de simplicité. Je sers les cuisses de canard confites froides en salade ou chaudes, accompagnées de légumes braisés et de purée de pommes de terre.

Cuisse de canard en sauce comme au Périgord

4 cuisses de canard malard (canard gavé)

Je fais dégraisser les cuisses de canard en les cuisant à feu doux dans une grande poêle. Je récupère la graisse que je garde au frigo. Je continue la cuisson des cuisses dans du bouillon de poulet. Au bout d'une heure d'un léger mijotage, j'ajoute plein de légumes. Quand le tout est cuit, après 1 $^1/_2$ à 2 heures, je mets les cuisses dans un grand plat que je garde au chaud au four à 150 °F (55 °C). Je fais réduire le bouillon, j'épaissis avec un roux (fait avec autant de beurre que de farine), j'assaisonne d'herbes de Provence et d'herbes fraîches du jardin. Je sers avec des pâtes, du riz ou des pommes de terre en purée.

JANETTE : J'ai mangé ce canard dans une ferme d'élevage de canards dans le Périgord. Gilles, mon boucher du marché Atwater, m'a gracieusement fourni la recette de ce plat régional délectable.

Le lapin de mon amie Isabelle

Découpez un lapin en morceaux. Faites mariner une journée dans 2 c. à soupe (30 ml) d'huile d'olive parfumée à la ciboulette, à l'estragon ou au romarin (au goût). Enduisez les morceaux de tous bords, tous côtés avec de la moutarde de Dijon. Mettez au four à 350 °F (180 °C) pendant 45 minutes à 1 heure, selon la grosseur du lapin. Retirez le lapin, laissez-le se détendre dans du papier d'aluminium. Déglacez avec de la crème 35 %.

JANETTE : C'est facile et c'est très bon. Isabelle m'a rapporté cette recette de Paris il y a 50 ans et, depuis, je fais souvent cuire mon lapin ainsi. Ça ne peut pas être plus simple.

Le lapin d'Ubald

1 lapin en morceaux
1 oignon haché ou 2 échalotes françaises hachées
beurre, huile
lardons
1 tasse (250 ml) de vin blanc
1 tasse (250 ml) de bouillon de poulet
2 c. à thé (10 ml) de moutarde de Dijon
2 c. à thé (10 ml) de moutarde en poudre
1 tasse (250 ml) de crème 35 %

Farinez les morceaux de lapin. Dans une cocotte, faites-les revenir dans moitié beurre moitié huile avec des lardons, l'oignon ou les échalotes françaises. Ajoutez le vin blanc et le bouillon de poulet. Couvrir et cuire au four à 350 °F (180 °C) pendant 2 heures. Ajoutez la moutarde de Dijon et la moutarde en poudre délayée dans la crème 35 %. Remettez au four pendant quelques minutes.

JANETTE : Crémeux à souhait. Un festin ! J'ai mangé ce lapin chez mon amie Nicole et c'est Ubald, son mari, qui était chef ce soir-là.

Pâté chinois sexy

1 $^1/_2$ lb (680 g) de bœuf haché maigre ou mieux, de gibier haché (caribou, chevreuil, orignal)
1 oignon
1 poivron vert
$^1/_2$ tasse (125 ml) de vin rouge
2 c. à soupe (30 ml) de sauce HP ou Worcestershire
1 boîte de maïs en grain de 12 oz (341 ml)
1 boîte de maïs en crème de 14 oz (398 ml)
8 grosses pommes de terre
beurre
lait
3 jaunes d'œuf
sel de céleri et muscade
gruyère râpé

Faites cuire l'oignon et le poivron. Ajoutez la viande, le vin rouge et la sauce. Réduisez les pommes de terre en purée avec le beurre, le lait et les 3 jaunes d'œufs. Assaisonnez. Disposez par couches dans un plat : 1 rang de viande, 1 rang de maïs, 1 rang de pommes de terre. Parsemez de petits morceaux de beurre et de gruyère râpé, et mettez au four à 350 °F (180 °C) pendant $^3/_4$ d'heure.

JANETTE : J'ai l'habitude de revamper les recettes traditionnelles. Et pourquoi pas ?

Muffeleta

Coupez la calotte d'un pain rond italien. Enlevez la mie. Badigeonnez le pain vidé d'huile d'olive à l'extérieur comme à l'intérieur. Réservez. D'autre part, préparez 1 $\frac{1}{2}$ tasse (375 ml) d'olives noires en tranches que vous faites tremper dans $\frac{2}{3}$ de tasse (170 ml) d'huile d'olive. Ajoutez $\frac{1}{3}$ de tasse (85 ml) de persil frais, 1 tasse (250 ml) de poivron rouge en conserve ou frais cuit, 6 filets d'anchois dessalés, 2 gousses d'ail hachées, 2 c. à soupe (30 ml) de câpres, 1 tasse (250 ml) de poivron jaune en lanières fines. Saupoudrez d'origan et de basilic frais. Dans le pain badigeonné d'huile, mettez 1 rang de jambon italien, 1 rang du mélange de légumes, 1 rang de provolone, 1 rang d'olives, 1 rang de salami italien et terminez par 1 rang d'olives. Remettez la calotte, enveloppez dans un papier d'aluminium et gardez jusqu'au moment de servir. Se conserve 1 ou 2 jours. Je fais réchauffer la muffeleta au four à 400 °F (200 °C) pendant 5 minutes. Avant de servir, tranchez en pointes comme des pointes de tartes. Accompagnez d'une salade verte.

JANETTE : La muffeleta est un sandwich que les vignerons italiens apportent comme dîner dans la vigne. Il y a autant de muffeleta qu'il y a d'Italiens. C'est consistant, délicieux, original. Excellent pour un pique-nique sur l'eau ou en forêt. C'est un repas complet, satisfaisant et plein de saveurs d'Italie. Vous allez adorer.

Polpettes
(Pour 4 personnes)

1 oignon finement haché
3,5 oz (100 g) de pignons grossièrement hachés
3 gousses d'ail écrasées
4 c. à soupe (120 ml) de persil plat grossièrement haché
1 c. à soupe (30 ml) de basilic, de romarin ou d'origan frais
grossièrement haché
2 c. à thé (10 ml) de graines de fenouil broyées ou de romarin
mie émiettée de 2 tranches de pain
1 petit pot de ricotta
3 c. à soupe (45 ml) de parmesan râpé
zeste râpé d'un gros citron
1 œuf
1 lb (454 g) de porc ou de veau haché, ou moitié moitié

Sauce : 2 boîtes de tomates, $^1/_2$ tasse (125 ml) de vin rouge

Dans une casserole, faites revenir l'oignon et les pignons dans l'huile d'olive chaude jusqu'à ce que les pignons soient légèrement dorés. Ajoutez l'ail et prolongez la cuisson quelques minutes. Laissez refroidir.

Dans un bol, réunissez les herbes, les graines de fenouil, la mie de pain, la ricotta, le parmesan, le zeste de citron et l'œuf, puis ajoutez la viande hachée. Incorporez ensuite votre mélange d'oignons et de pignons, salez, poivrez et mélangez le tout. Laissez reposer la préparation au réfrigérateur au moins 30 minutes ou toute la nuit.

Faites des boulettes sans trop les presser. Dans une poêle, faites-les frire dans l'huile d'olive, sans les aplatir jusqu'à ce qu'elles soient bien dorées. Retirez. Ajoutez les tomates et le vin rouge dans la casserole, salez, poivrez et laissez mijoter 5 minutes. Incorporez délicatement les boulettes de viande et baissez le feu. Couvrez et prolongez la cuisson pendant 10 minutes. Laissez reposer 10 minutes avant de servir.

JANETTE : Je vous recommande de préparer la viande la veille pour laisser les parfums se développer. Ces boulettes sont moelleuses, délicieuses, et les enfants en redemandent. Pour changer, je les sers avec une sauce brune (vin rouge et beurre).

Pâté au poulet

Faites sauter des cubes de poulet, des poireaux, des champignons, des haricots verts et des petits oignons perlés ou des pois verts dans le beurre et l'huile. Réservez. Faites fondre $1/2$ tasse (125 ml) de beurre dans la poêle, ajoutez $1/2$ tasse (125 ml) de farine, faites cuire 3 minutes. Ajoutez assez de vin blanc et de crème pour couvrir les légumes. Remettez le poulet et les légumes dans la sauce. Faites cuire 3 minutes. Versez dans une assiette à tarte profonde et couvrez de pâte feuilletée décongelée. Cuisez au four 35 minutes à 400 °F (200 °C).

JANETTE : Je suis folle du pâté au poulet. On peut le faire avec des poitrines de poulet mais aussi avec les restes d'une dinde ou d'un chapon. Je sers ce pâté au poulet avec une salade verte.

_____

_____

_____

_____

_____

_____

_____

_____

_____

_____

_____

_____

_____

_____

_____

_____

_____

_____

_____

_____

_____

_____

_____

_____

Enduisez des petits poulets de beurre ou d'huile, parsemez-les de feuilles d'estragon séchées. Faites cuire au four.

Jetez une pincée de romarin dans 2 c. à soupe (3 ml) de beurre fondu et arrosez-en votre poulet rôti.

Pour faire dégeler une dinde au réfrigérateur, il faut 3 jours ; un poulet, 2 jours.

Sauces

Le secret de ma sauce

Pour faire une bonne sauce, il faut faire cuire les viandes dans une poêle en acier inoxydable. De cette façon, vous pourrez faire fondre les jus de viande caramélisés avec un acide (jus de citron, vin blanc, vin rouge, porto, cognac) à votre goût. On récupère le collé avec une cuillère en bois. On fait réduire le liquide, on enlève la poêle du feu et on ajoute 2 ou 3 morceaux de beurre très froid. Quand le beurre est fondu, on assaisonne et on verse sur la viande. Les assaisonnements proposés : cerfeuil, ciboulette, estragon, romarin, sauge, sel de céleri, etc. Sel et poivre, bien sûr.

JANETTE : Dans ma famille, on m'appelle la reine des sauces. Mais, je ne fais qu'inventer à partir de cette base. Je me sers souvent de porto comme acide, je trouve ça sucré et j'aime le sucré.

Sauce hollandaise

Mettez dans une casserole en acier inoxydable très épaisse :
2 c. à soupe (30 ml) combles de beurre très froid
2 jaunes d'œufs battus à la fourchette

Placez la casserole sur un feu très bas ; brassez sans arrêt jusqu'à ce que le mélange ressemble à un beurre en crème. Si le feu est trop chaud, retirez la casserole et continuez de battre. Selon l'épaisseur du chaudron, la sauce peut cuire vite ou lentement. Si la sauce tourne, ajoutez sans délai 1 c. à soupe (15 ml) d'eau glacée et brassez fortement en dehors du feu jusqu'à ce qu'elle redevienne lisse. Si l'eau ne suffit pas, battez un jaune d'œuf et incorporez-le à la sauce en battant sur un feu très bas. Ajoutez le jus de citron à la fin.

JANETTE : Gros secret : si la sauce ne veut pas prendre, ajoutez, 2 pincées de fécule de maïs et ne le dites à personne. Petit secret : les débutants se serviront d'un bain-marie ; comme ça, ils risqueront moins de faire tourner la sauce. On sert la hollandaise avec des asperges, du brocoli, du chou-fleur, des fèves vertes et, surtout, du poisson... Extra !

Sauce hollandaise moutarde

Remplacez le jus de citron de la hollandaise par :
2 c. à soupe (30 ml) d'eau froide
et
1 c. à soupe (15 ml) de moutarde de Dijon

Sauce mousseline

Incorporez à la sauce hollandaise :
2 blancs d'œufs battus en neige
ou
1 tasse (250 ml) de crème fouettée
Avec des asperges, c'est divin.

Sauce béarnaise

Faites cuire dans une casserole épaisse :
$^1/_4$ tasse (65 ml) de vinaigre de vin
1 échalote française hachée
1 c. à thé (5 ml) d'estragon frais ou séché
poivre du moulin

Lorsque le mélange est réduit à 3 c. à soupe (45 ml), utilisez-le en remplacement du jus de citron dans la recette de sauce hollandaise.

JANETTE : La béarnaise se sert avec les steaks, le poulet rôti, les œufs pochés. J'en suis folle ! Il m'arrive de manger des frites et de la sauce béarnaise comme repas.

Mayonnaise simple au robot

1 œuf entier
2 à 3 c. à soupe (30 à 45 ml) de vinaigre de vin blanc
$^1/_4$ c. à thé (1,25 ml) de poivre
1 c. à thé (5 ml) de moutarde sèche ou de moutarde de Dijon
1 c. à thé (5 ml) de sel
1 tasse (250 ml) d'huile d'olive

Placez le tout dans le robot et ajoutez graduellement l'huile en filet jusqu'à l'obtention d'une belle consistance.

JANETTE : Je fais ma mayonnaise à la main avec un émulsionneur à main. À ce moment-là, je mets 1 jaune d'œuf avec la moutarde, du sel et du poivre, et je vide un filet d'huile que je fouette avec l'émulsionneur (genre de cuillère à soupe à spirales, indispensable dans une cuisine). En dernier, j'ajoute le vinaigre de vin blanc et les assaisonnements à mon goût : estragon, cerfeuil, persil. La mayonnaise est facile à faire et cent fois meilleure que la mayonnaise achetée. Pour garnir les sandwichs, je mets du basilic haché fin dans la mayonnaise. Superbe.

Ma sauce de rosbif

Quand vous faites cuire un rosbif, posez-le sur un lit de légumes (carottes, oignons, céleri) et d'os que vous demanderez au boucher. Ajoutez 1 boîte de consommé. Quand le rôti est cuit, retirez-le de la lèchefrite, faites-le reposer dans du papier d'aluminium et arrosez votre lèchefrite de vin rouge ou encore d'un peu de jus de citron ou de thé. Déglacez les jus caramélisés qui collent au fond de la lèchefrite en les décollant avec une spatule de bois. Quand la lèchefrite est propre, videz ce jus dans une passoire, puis dans une casserole. Laissez réduire. Selon les cas, et votre goût, ajoutez à la sauce de base un peu de purée de tomate ou encore remplacez le vin rouge par du vin blanc, du madère, du sherry, du marsala ou du porto. Sel, poivre. Une ou deux cuillères à thé de fécule de maïs délayée dans le vin épaissira votre sauce. Du beurre froid n'épaissit pas mais donne une belle texture à la sauce.

JANETTE : En cours de cuisson, vous pouvez ajouter du bouillon de bœuf, de l'eau ou du vin rouge. Et n'oubliez pas, c'est la sauce qui fait la différence.

Beurres pour barbecue

Quand Donald fait cuire des steaks ou des poissons au barbecue, il n'y a pas de sauce ; alors je prépare des beurres. Ils se confectionnent à l'avance, se gardent au congélateur, enveloppés dans du papier ciré en forme de saucisson.

Pour les servir, je les découpe en tranches comme des biscuits et je les dépose sur les steaks.

Beurre maître d'hôtel
$^1/_2$ tasse (125 ml) de beurre en crème
jus de $^1/_2$ citron
1 c. à soupe (15 ml) de persil haché fin
sel, poivre
Passez au robot ou battez à la main.

Beurre moutarde
Beurre en crème et moutarde de Dijon, sel et poivre. Au robot.

Beurre d'anchois
Beurre en crème et pâte d'anchois en tube ou en conserve, poivre. Au robot.

Beurre d'ail
Beurre en crème et gousses d'ail écrasées, sel, poivre et persil. Au robot.

Beurre de paprika
Faites blondir des oignons finement hachés avec du paprika, ajoutez quelques gouttes de jus de citron, du sel, du poivre. Laissez refroidir et mélangez à du beurre en crème. Au robot.

Beurre à l'estragon
Sel, poivre, estragon et jus de citron ajoutés au beurre en crème. Au robot.

JANETTE : J'ai appris à confectionner ces beurres en France, où ils étaient servis autant sur les viandes, le poisson que le poulet. J'adore !

Sauce pour poulet rôti

Je place mon poulet à rôtir sur un nid de légumes (carottes, oignons, céleri, tomates) avec le cou, le gésier, les ailerons. Vous pouvez ajouter des gousses d'ail si vous aimez. Recouvrez d'une tasse (250 ml) de consommé ou de bouillon de poulet. Quand le poulet est cuit, enlevez-le et déglacez au vin blanc ou au jus de citron. Faites réduire. Vous donnerez plus de velouté à votre sauce en ajoutant un petit morceau de beurre froid avant de servir.

Autre sauce pour poisson

Quand j'ai fait cuire mon poisson dans un mélange moitié huile moitié beurre, j'enlève le poisson et je déglace au vin blanc. Si je n'ai pas assez de sauce, je l'étire avec du bouillon de poulet. Je fais réduire de moitié. Parfois, j'ajoute à cette sauce des amandes rôties. D'autres fois, j'ajoute des champignons cuits. Je sers souvent avec mes poissons une sauce vite faite : je fais chauffer du jus de citron avec un peu de farine, j'ajoute du beurre froid, du sel, du poivre et de l'estragon frais. Le tour est joué.

JANETTE : Ce sont les sauces qui font le poisson. Et comme il faut manger beaucoup de poisson pour être en santé...

Sauce minute de Daniel Pinard

3 c. à soupe (45 ml) de sucre
2 c. à soupe (30 ml) de vinaigre de vin
1 boîte de consommé de bœuf
1 pincée d'herbes à votre goût
2 c. à soupe (30 ml) de ketchup ou de sauce chili

Dans une petite casserole à fond épais, faites caraméliser le sucre, mouillez de vinaigre de vin. Quand le sucre a pris une belle couleur ambrée, ajouter le consommé et les herbes de votre choix. Laissez mijoter doucement et réduisez des $2/3$ avant d'ajouter le ketchup ou la sauce chili pour épaissir un peu la sauce. La sauce est prête. Pour une sauce à l'orange, ajoutez 1 tasse (250 ml) de jus d'orange frais en même temps que le consommé. Vous pouvez ajouter des suprêmes d'orange à la sauce. Pour une sauce aux raisins frais, ajoutez 1 tasse (250 ml) de raisins rouges ou verts dans la sauce au dernier moment.

JANETTE : Merci, Daniel, pour ce secret partagé. Je m'en sers souvent et on n'y voit que du feu.

Sauce au vinaigre basalmique

1 tasse (250 ml) de bouillon de poulet
$1/3$ tasse (85 ml) de vinaigre balsamique
3 c. à soupe (45 ml) de beurre froid en dés

Faites réduire le bouillon et le vinaigre à $3/4$ de tasse (190 ml). Retirez du feu et ajoutez le beurre froid au fouet.

Ma sauce divine pour le poisson

$^1/_4$ tasse (65 ml) de crème 35 %
1 noisette de beurre
2 jaunes d'œufs
1 c. à thé (5 ml) de fécule de maïs
1 c. à thé (5 ml) de moutarde de Dijon
1 échalote française hachée fin
sel et poivre

Mettez les jaunes d'œufs avec la moutarde dans une petite casserole épaisse, ajoutez la crème, le beurre, l'échalote, puis la fécule de maïs. Faites chauffer doucement et fouettez sans arrêt pour ne pas laisser bouillir. Hors du feu, ajoutez le jus d'un citron et son zeste puis, un hachis de cerfeuil, de persil et d'estragon, sel et poivre.

JANETTE : La meilleure sauce du monde, et facile comme bonjour !

Beurre blanc pour poisson poché

1 échalote française hachée fin
$^1/_4$ tasse (65 ml) de vinaigre de vin blanc
$^1/_2$ tasse (125 ml) de vin blanc
3 c. à soupe (45 ml) de beurre froid
$^1/_4$ tasse (65 ml) de crème 35 %

Dans une petite casserole, faites fondre l'échalote dans le vinaigre de vin blanc. Ajoutez le vin blanc. Laissez cuire et faites réduire du quart. Hors du feu, ajoutez le beurre froid et la crème 35 %.

JANETTE : C'est un classique en France et je comprends pourquoi, c'est follement bon.

Sauce beurre noisette

Dans une petite casserole, faites chauffer du beurre jusqu'à ce qu'il prenne une belle couleur noisette, retirez du feu et ajoutez le jus de 1 citron.

JANETTE : Ce beurre noisette accompagne les poissons blancs. Je parsème le poisson d'amandes tranchées que j'ai fait rôtir dans le four. Fabuleux !

Sauce à l'oseille

15 feuilles d'oseille hachées fin ou 1 petit pot d'oseille du commerce
3 c. à soupe (45 ml) de beurre
1 asse (250 ml) de crème 35 %
jus de citron
muscade

Mettez l'oseille hachée dans le beurre, cuisez légèrement. Ajoutez le reste et faites réduire. Nappez-en le poisson, le poulet ou le veau.

JANETTE : Le saumon sauce à l'oseille est une des grandes recettes françaises. Le saumon est déposé sur la sauce.

Tzatziki

1 tasse (250 ml) de concombre anglais pelé et coupé en dés
1 gousse d'ail hachée fin
2 c. à soupe (30 ml) de menthe fraîche hachée
1 tasse (250 ml) de yogourt nature

Mélangez tous les ingrédients. Réfrigérez 2 heures. Servez avec mes boulettes d'agneau, comme trempette avec le pain naan ou comme sauce avec un poisson grillé au barbecue.

Sauce aux poivrons rouges

Grillez des poivrons rouges de 7 à 8 minutes sous le gril. Refroidissez et mettez-les dans un sac de type Ziploc. L'humidité va décoller la peau des poivrons. Pelez-les. Faites cuire les poivrons dans de la crème 35 % pendant 5 minutes. Ajoutez du sel et du poivre. Passez au robot. Servez avec des légumes ou du poulet grillé.

JANETTE : Délicieuse cette sauce rouge.

_____

_____

_____

_____

_____

_____

_____

_____

_____

_____

_____

_____

_____

_____

_____

_____

_____

_____

_____

_____

_____

_____

_____

_____

_____

Si votre sauce a des grumeaux, vous lui rendrez son onctuosité en la brassant avec le batteur à main ou le malaxeur.

Pour réussir les sauces, il vous faut une casserole à fond épais, en acier inoxydable de préférence.

Quand vous utilisez des cubes de bouillon de poulet ou de bœuf dans vos sauces, ne salez pas trop. Les cubes contiennent déjà du sel.

Légumes

Mes légumes

Je fais cuire mes légumes à la vapeur dans une marguerite. C'est une petite passoire sur pattes dans laquelle on place les légumes. On pose cette marguerite dans une casserole couverte. On verse 1 po (2,5 cm) d'eau au fond de la casserole, on couvre, et les légumes cuisent à la vapeur. Ils gardent ainsi leur couleur, leur goût. Si vous êtes un tant soit peu ingénieux, vous fabriquerez, à l'aide d'une assiette à tarte en métal, une passoire qui s'adaptera à une de vos casseroles et le tour sera joué.

JANETTE : Les fèves, les épinards, les carottes, les choux de Bruxelles, les brocolis, les pommes de terre, cuits à la marguerite font aimer les légumes à ceux qui les détestent. De plus, les légumes cuits à la vapeur gardent leurs propriétés nutritives et sont recommandés à ceux qui surveillent leur ligne.

Tomates provençales

Coupez en tranches épaisses des tomates rouges ou vertes, passez-les dans du sel d'ail ou de l'ail frais haché mélangé à du persil puis dans de la chapelure. Faites frire à la poêle dans un mélange moitié beurre moitié huile.

JANETTE : Je vous recommande spécialement les tomates vertes cuites de cette façon ; c'est un légume d'accompagnement délicieux et original. Tous les marchés ont des tomates vertes en septembre. La soupe aux tomates vertes est exquise. On la fait comme le potage aux épinards de Dominique.

Chou-fleur à la polonaise

1 chou-fleur défait en bouquets
$^1/_2$ tasse (125 ml) de chapelure
1 œuf cuit dur
1 c. à soupe (15 ml) de persil émincé
beurre fondu

Faites cuire le chou-fleur dans l'eau salée ou à la vapeur. Égouttez-le bien. Faites-le frire dans un mélange moitié beurre moitié huile. Salez et poivrez au goût. Saupoudrez de chapelure. Ajoutez l'œuf râpé et le persil. Recouvrez de beurre noisette. Servez comme légume d'accompagnement.

JANETTE : Une belle découverte pour ceux qui n'aiment pas trop les légumes.

Salade Waldorf

1 portion de céleri en cubes
1 portion de pommes en cubes avec la pelure
$^1/_2$ portion de noix de Grenoble

J'ajoute une poignée de ciboulette fraîche coupée extra-fin. Servez avec une mayonnaise éclaircie de crème 15 % ou de yogourt. Poivre et sel au goût.

JANETTE : C'est ma salade préférée l'été ! Il m'arrive de la parsemer de cubes de gruyère ou de cheddar pour la rendre plus nourrissante.

Salade mimosa

1 ou 2 laitues Boston
cerfeuil ou persil frais haché
1 ou 2 œufs cuits durs
quelques radis
vinaigrette

Remplissez l'évier d'eau très froide et lavez les feuilles de laitue. Ôtez ensuite les trognons. Quand les laitues sont propres, asséchez-les complètement dans l'essoreuse. Versez votre vinaigrette préférée dans le bol à salade. Placez-y votre laitue. Répandez le cerfeuil ou le persil sur les feuilles. Séparez les blancs d'œufs des jaunes. Écrasez d'abord le blanc dans un tamis fin et saupoudrez toute la surface de votre salade. Puis ajoutez des tranches de radis frais. Enfin, écrasez les jaunes d'œufs dans le tamis et saupoudrez-en le tout. Fatiguez votre salade délicatement afin de ne pas écraser les feuilles.

JANETTE : Délicate et savoureuse.

Ma salade des beaux jours

De belles grosses tomates mûres
1 boîte de cœurs d'artichauts ou des artichauts frais, cuits
laitue

Je prépare un lit de feuilles de laitue. Je tranche mes tomates en rondelles minces, je les pose sur la laitue puis je dépose des tranches de cœur d'artichaut sur les tomates. J'arrose de vinaigrette. Il m'arrive de hacher des filets d'anchois et de les placer sur les artichauts. J'ajoute toujours de la ciboulette hachée pour finir.

Les carottes pour la visite

2 tasses (500 ml) de bâtonnets de carottes crues
2 c. à soupe (30 ml) de beurre
1 c. à soupe (15 ml) d'huile
2 c. à soupe (15 ml) de sucre
$^1/_2$ c. à thé (2,5 ml) de paprika
jus de $^1/_2$ citron

Faites cuire les carottes dans l'eau, égouttez-les et faites-les revenir dans le reste des ingrédients.

Mes frites

Pour réussir de bonnes frites, il faut de l'huile d'arachide et des pommes de terre Russet ou Yukon Gold. Il m'arrive, quand les pommes de terre sont belles, de les tailler sans les éplucher. Ça donne meilleur goût. Quand vous avez taillé les pommes de terre dans la forme que vous aimez, laissez-les tremper 10 minutes dans l'eau bouillante, puis essorez-les peu à la fois dans l'essoreuse à salade. Ensuite, essuyez-les dans une serviette de bain (étape très importante). Faites une première friture puis, au moment de servir, replongez-les dans l'huile bouillante.

JANETTE : Après de multiples essais, cette méthode me semble la meilleure. Mais elle n'est pas sans risques. Tout dépend de la qualité des pommes de terre. On peut également faire frire ses frites dans l'huile d'olive. Pourquoi pas ? Ça donne un petit goût que j'adore.

Pommes de terre grelot au beurre

L'été, vous trouverez dans les marchés ou chez certains marchands de légumes ce que ma grand-mère appelait des «guerlots». Ce sont de petites pommes de terre de la grosseur d'une boule de gomme. Je les fais cuire à la marguerite ou à l'eau, avec la pelure. Ma famille les croque en les coupant en deux et en déposant une noix de beurre au centre.

Les pommes de terre rissolées de Dominique

8 pommes de terre

Épluchez-les et coupez-les en petits dés. Lavez-les à l'eau très claire 2 ou 3 fois. Mettez-les dans une casserole et recouvrez-les d'eau froide. Ajoutez quelques gouttes de vinaigre ou de jus de citron. Placez la casserole sur un feu très vif et, quand l'eau bout, retirez les pommes de terre et secouez-les jusqu'à ce qu'elles soient bien sèches. Versez une mince couche d'huile d'olive ou de gras de canard dans une grande poêle, profonde, épaisse, avec couvercle hermétique. Ajoutez les pommes de terre. Faites cuire à couvert. Agitez souvent la poêle afin que rien ne colle. Faites cuire pendant 20 minutes à feu moyen. De temps à autre, soulevez le couvercle et décollez les pommes de terre si elles sont collées. Les pommes de terre ne doivent rissoler qu'à feu doux. Servez-les avec du sel ou du poivre, ou encore arrosez-les de beurre fondu à l'ail et, au moment de servir, saupoudrez de persil haché.

JANETTE : On peut aussi les faire cuire à découvert. Ça s'appelle alors des pommes sautées. J'ai toujours du gras de canard pour les pommes de terre sautées ou rissolées, c'est primordial. Le gras de canard s'achète chez les bons bouchers.

Pommes de terre Anna

Émincez en fines rondelles des pommes de terre crues et pelées. Salez et poivrez. Disposez-les ensuite en couches successives dans un moule ou une poêle beurré qui va au four. Entre chaque couche de pommes de terre, mettez des champignons sautés et du beurre. Fermez le moule avec une feuille de papier d'aluminium ou la poêle avec son couvercle. Faites cuire à 300 °F (150 °C) pendant 45 minutes, ouvrez, retournez les pommes de terre dans leur moule ou dans la poêle et remettez au four pendant encore 45 minutes. Retournez le moule ou la poêle et servez comme une galette.

JANETTE : On peut remplacer les champignons par des tranches fines d'oignon. C'est très bon.

Mes pommes de terre en purée

Faites revenir des champignons sauvages dans du beurre, ajoutez à vos pommes de terre en purée. Faites revenir des champignons et des oignons dans du beurre et ajoutez à votre purée de pommes de terre. Pour servir avec votre dinde, faites revenir dans du beurre : les abats coupés en cubes cuits avec de l'oignon ; ajoutez à votre purée. Ajoutez 1 œuf battu à votre purée. Formez en petites boulettes et garnissez d'amandes blanchies effilées. Faites cuire 20 minutes dans un four à 400 °F (200 °C).

Faites des nids de votre purée, recouvrez chaque nid de crème fouettée non sucrée. Saupoudrez de parmesan ou de gruyère. Mettez au four 10 minutes à 400 °F (200 °C) pour faire dorer.

JANETTE : Reste la combinaison pommes de terre, carottes, ou oignons, ou navets. Une façon de faire manger des légumes à ceux qui ne les aiment pas. Ne jamais, jamais faire les purées à l'aide d'un batteur électrique mais passer les pommes de terre à la moulinette ou les écraser au pilon. Il ne faut pas trop battre les pommes de terre, ça devient de la colle forte. Une découverte : pomme de terre et moutarde de Meaux.

Les légumes braisés à la di Stasio

Dans une poêle en acier inoxydable, chauffez le beurre et l'huile. Ajoutez les légumes et salez. Faites cuire à feu vif, jusqu'à ce que les légumes prennent de la couleur. Mouillez avec 1 c. à soupe (15 ml) d'eau, couvrez et cuisez lentement les légumes jusqu'à ce qu'ils soient *al dente*.

JANETTE : Depuis que Josée m'a fait découvrir les légumes braisés, je les préfère encore aux légumes cuits à la marguerite. Le goût est plus intense. Et puis, elle m'a initiée au bébé bok choy braisé, que j'adore. Merci de cette découverte, Josée.

Légumes rôtis au four

Huilez une plaque à biscuits ou tapissez-la de papier parchemin. Coupez les légumes de taille égale, enrobez-les d'huile, parsemez de romarin, de thym ou de sauge (à votre goût) et salez. Cuisez au four à 425 °F (220 °C) de 15 minutes à 1 heure selon la grosseur des légumes. Tournez les légumes de temps à autre.

JANETTE : Les légumes rôtis sont délicieux chauds en accompagnement de plats de viande ou de poisson. Froids, ils peuvent accompagner les salades. À essayer : des légumes rôtis hachés sur des pâtes. Fabuleux !

Courgettes Huguette

Dans le four, faites chauffer une tôle avec de l'huile d'olive et jetez-y des tranches de courgettes coupées dans le sens de la longueur. Cuisez $^1/_2$ heure. Tournez une fois.

Pesto à la sauge ou à la roquette

1 bouquet de sauge ou de roquette
2 gousses d'ail
$^1/_2$ tasse (125 ml) de pignons
1 tasse (250 ml) d'huile d'olive
$^1/_4$ tasse (65 ml) de parmesan
sel, poivre

Hachez, au robot, la sauge ou la roquette, les gousses d'ail et les pignons. Ajoutez l'huile d'olive en filet, du sel, du poivre et le parmesan.

JANETTE : Avec de l'imagination, on peut varier les recettes de pesto à volonté pour agrémenter les pâtes, pesto de tomates séchées, pesto des herbes du jardin.

Purée de céleri-rave

Faites cuire des cubes de céleri-rave et de pommes de terre en quantité égale. Préparez comme la purée ordinaire.

JANETTE : Essayez, c'est étonnamment bon.

Céleri rémoulade

1 céleri-rave
8 tasses (2 l) d'eau
2 c. à thé (10 ml) de sel
1 citron
1 c. à soupe (15 ml) de farine diluée dans un peu d'eau froide

Sauce : 1 tasse (250 ml) de mayonnaise, 2 c. à soupe (30 ml) de moutarde de Dijon, 2 c. à soupe (30 ml) de câpres, 3 à 4 c. à soupe (45 à 60 ml) de cornichons salés finement hachés. Fines herbes hachées au choix : cerfeuil, estragon, coriandre, basilic.

Épluchez le céleri-rave et faites-en des lamelles en julienne. Blanchissez à grande eau salée et farinée. Laissez frémir 1 minute, égouttez, rincez à l'eau froide. Pressez pour éliminer le surplus d'eau. Recouvrez de mayonnaise.

JANETTE : Un autre classique en France. Peut servir d'entrée à un repas copieux. J'en suis folle.

Ma salade de chou

1 chou rouge ou vert tranché en petites lanières
$^1/_4$ tasse (65 ml) de yogourt nature
$^1/_4$ tasse (65 ml) de mayonnaise
2 c. à soupe (30 ml) de vinaigre de vin
$^1/_2$ tasse (125 ml) de ciboulette hachée

JANETTE : Cette salade n'a rien à voir avec la salade de chou commerciale. Je vous la recommande avec les hot-dogs maison.

Salsa verde

4 tasses (1 l) d'herbes du jardin
mie de 2 tranches de pain
jus de 1 citron
1 tasse (250 ml) d'huile d'olive
2 anchois (facultatif)

Passez tous les ingrédients au robot.

JANETTE : Cette sauce peut servir de trempette pour les crudités, sur une salade de tomates ou sur des pâtes. Chaque automne je congèle, des sacs de type Ziploc remplis de ce mélange verdoyant.

Chou farci

1 chou moyen
4 saucisses de Toulouse, dont vous ne gardez que la chair
2 œufs battus
échalotes françaises hachées
ail
mie de 2 tranches de pain trempée dans du lait
sel, poivre

Faites cuire un chou moyen dans de l'eau bouillante pendant 10 minutes. Retirez de l'eau et laissez refroidir. Enlevez le cœur du chou en le détachant avec précaution de chaque feuille. Préparez la farce en mélangeant la chair des saucisses, les œufs battus, les échalotes françaises, un peu d'ail, la mie de pain, du sel et du poivre. Ouvrez le chou bien à plat et mettez de la farce entre chaque feuille. Reformez en boule, ficelez et, refaites cuire 1 $^1/_2$ à 2 heures selon la grosseur du chou dans une cocotte au four à 350 °F (180 °C).

JANETTE : Encore une fois, vous remarquerez que mes recettes sont peu précises. C'est que je me fie à votre créativité. La cuisine est un art, ne l'oubliez pas ! Cette recette m'a été donnée par une vieille Française que j'adorais. C'est spectaculaire et tellement bon.

Gratin de courgettes

Faites rissoler les courgettes dans la poêle avec moitié beurre moitié huile, ajoutez 2 œufs battus, $^1/_2$ tasse (125 ml) de crème 35 % et du gruyère râpé. Faites gratiner au four à 400 °F (200 °C) pendant $^1/_2$ heure.

Brocoli et chou-fleur au gratin

Blanchissez (3 minutes dans l'eau bouillante) de petits bouquets de brocoli et de chou-fleur. Couvrez de crème, puis de gruyère, et faites gratiner au four à 450 °F (230 °C) pendant 25 minutes.

Salade chinoise

vermicelle de riz ou nouilles aux œufs chinoises
champignons
pois mange-tout
carottes
courgettes
céleri
poivrons rouge, vert, jaune
oignons verts

vinaigrette : 1 portion de soya, 2 portions d'huile de sésame,
3 portions d'huile d'olive, 2 portions de vinaigre de riz,
1 c. à soupe (15 ml) de sirop d'érable,
1 c. à soupe (15 ml) de moutarde de Dijon

1 tasse (250 ml) de graines de sésame grillées

Faites cuire le vermicelle de riz ou les nouilles 1 minute et égouttez. Coupez tous les légumes en julienne et faites-les blanchir 3 minutes dans l'eau bouillante. Faites griller les graines de sésame au four. Quand tous les légumes sont refroidis, ajoutez la vinaigrette et les graines de sésame. Laissez reposer la salade chinoise au moins 1 heure avant de servir.

JANETTE : Grosse salade d'été nourrissante, fraîche et originale. C'est Robert, d'Alexis Traiteur, qui a donné cette recette à Dominique, qui me l'a refilée. Salade pour grosse famille.

Salade de légumineuses

Légumineuses en boîte rincées et égoutées
oignons verts
fèves vertes crues
poivron rouge et poivron jaune crûs
carottes crues
tomates séchées
noix de cajou ou amandes grillées

vinaigrette : huile, vinaigre de vin, moutarde de Meaux, un peu de sucre,
herbes du jardin, sel et poivre.

Mélangez le tout et servez sur de la laitue.

*JANETTE : Je vous recommande de blanchir les légumes crus quelques minutes.
La salade se digérera mieux.*

Salade avocat et pamplemousse d'André

Découpez l'avocat et le pamplemousse en fins croissants. Faites une vinaigrette
avec de l'huile d'olive, du citron vert, des échalotes grises, du sel et du poivre.

*JANETTE : André Monette, mon ami et producteur depuis plus de 20 ans, m'a
séduite avec son intelligence, son honnêteté et cette salade.*

Salade italienne

1 gros oignon espagnol tranché en rondelles très minces
3 oranges en tranches très minces

vinaigrette : huile, vinaigre de vin, sel et poivre.
$^1/_3$ de vinaigre, $^2/_3$ d'huile

Versez la vinaigrette sur la salade au moins 1 heure avant de déguster.

Salade tomates et mangues

Tomates italiennes rouges en cubes, mangues en cubes, vinaigre de vin, huile d'olive, sel, poivre, poudre de cari, coriandre et ciboulette ou basilic haché (au choix).

JANETTE : Surprenant mais exquis. Une entrée quatre-saisons très appréciée.

Salade de pommes de terre à la crème fouettée

2 lb (900 g) de pommes de terre
1 jaune d'œuf
3 c. à soupe (45 ml) de vinaigre blanc
1 c. à soupe (15 ml) de beurre fondu
1 c. à soupe (15 ml) de sucre
1 c. à thé (5 ml) de sel
$^1/_2$ tasse (250 ml) de mayonnaise
2 oignons verts hachés
4 à 5 branches de céleri émincées
$^1/_4$ tasse (65 ml) de crème 35 %
sel et poivre

Faites cuire les pommes de terre, passez-les sous l'eau froide. Égouttez. Coupez-les en quartiers. Sur feu doux, fouettez le jaune d'œuf et le vinaigre jusqu'à consistance crémeuse (environ 4 minutes). Hors du feu, ajoutez le beurre en filet. Ajoutez le sucre et le sel. Dans un grand bol, mélangez la mayonnaise, les oignons verts, le céleri et les pommes de terre. Fouettez la crème et incorporez-la à la sauce en pliant délicatement, puis ajoutez-la à la salade de pommes de terre. Salez et poivrez. Servez tiède ou froid.

JANETTE : D'habitude, je n'aime pas beaucoup la salade de pommes de terre, mais celle-là, j'en redemande. Attention, les pommes de terre doivent être al dente.

Salade d'épinards et de fraises

$^1/_2$ tasse (125 ml) de bâtonnets d'amandes grillées
2 c. à soupe (30 ml) de graines de pavot grillées
$^1/_2$ tasse (125 ml) d'huile d'olive
3 c. à soupe (30 ml) de vinaigre de vin rouge
2 c. à thé (10 ml) de moutarde de Dijon
1 c. à soupe (15 ml) de sirop d'érable
12 tasses (3 l) de bébés épinards
1 $^1/_2$ tasse (375 ml) de fraises tranchées

Versez la vinaigrette sur les bébés épinards et les fraises. Le tour est joué !

JANETTE : J'ai mangé cette salade chez ma fille Dominique. Mmmm !

Salade de poires au poivre et au roquefort

2 poires en tranches
2 c. à soupe (30 ml) de jus de citron
2 c. à soupe (30 ml) de crème 35 %
2 c. à soupe (30 ml) d'huile d'olive
4 oz (115 g) de roquefort écrasé dans de l'huile
sel et poivre

Vous pouvez aussi ajouter des endives, des noix et de la laitue.

Pommes de terre *pan-flip*

À des pommes de terre crues passées au robot 3 ou 4 secondes, pas plus, ajoutez 1 œuf, 1 c. à soupe (15 ml) de farine et 1 c. à soupe (15 ml) d'oignon haché. Cuisez dans la poêle avec un peu d'huile ou de gras de canard. Tournez et cuisez de l'autre côté.

Pommes de terre sarladaises

Pommes de terre en tranches très minces que l'on fait rôtir dans du gras de canard avec des champignons rôtis, sel et poivre.

JANETTE : Sarlat est une ville du Périgord, là où, pour la première fois, j'ai dégusté ces superbes pommes de terre! Il est évident que les champignons sont sauvages, mais on peut se servir de petits champignons bruns du Québec.

Les pommes de terre de ma fille Isabelle

Huilez une grande tôle à biscuits assez épaisse. Superposez de fines tranches de pommes de terre avec ou sans pelure et, avec un pinceau, badigeonnez d'huile d'olive ou de gras de canard. Parsemez chaque tranche d'un brin de romarin. Mettez au four à 400 °F (200 °C). Surveillez et sortez quand le tout est doré.

JANETTE : C'est bon, c'est effrayant!

Chips maison

Taillez à la mandoline des pommes de terre en tranches ultra-fines. Déposez-les dans de l'eau chaude 10 minutes. Asséchez-les avec une serviette de bain. Plongez-les dans la friture. Assaisonnez de sel de mer.

JANETTE : Les jours de pluie, à la campagne, je faisais à mes enfants des chips maison qui font honte à celles de toutes les grandes marques.

Pommes dauphines

Mélangez 1 portion de pommes de terre en purée sans beurre ni lait à 1 portion de pâte à choux. Salez, poivrez, façonnez en petites boules et faites cuire dans la grande friture.

JANETTE : En 1950, quand je suis allée à Paris pour la première fois, tous les menus comportaient des pommes dauphines. La mode en est disparue, mais moi je continue à en faire. C'est super. La recette de la pâte à choux est plus loin.

Frites au four

Taillez des pommes de terre Russet ou Yukon Gold en bâtons égaux mais assez longs. Plongez-les dans l'eau chaude quelques minutes, puis asséchez-les complètement. Mettez-les dans un bol auquel vous ajouterez 1 c. à soupe (15 ml) d'huile d'olive. Étendez les frites directement sur la grille du haut et cuisez à 400 °F (200 °C).

JANETTE : Pour les amateurs de frites, c'est un sous-produit mais, faute de pain, on mange de la galette.

Les pommes de terre
sur le barbecue de Donald

Pelez des pommes de terre moyennes, lavez-les et coupez-les en deux. Enveloppez-les individuellement dans du papier d'aluminium. Faites-les cuire $^3/_4$ d'heure au barbecue en les tournant fréquemment.

JANETTE : Ces pommes de terre rôties ont été une découverte pour moi. Donald m'en fait chaque fois qu'il se sert du barbecue. Avec du beurre, c'est parfait.

Taboulé

semoule
4 oignons Vidalia ou autres hachés fin
3 tomates
1 tasse (250 ml) de persil frais
4 oz (115 g) de roquefort écrasé dans de l'huile (facultatif)
6 branches de menthe fraîche
jus de 3 citrons
6 c. à soupe (90 ml) d'huile d'olive

Préparez la semoule : couvrez d'eau froide et laissez gonfler 15 minutes, ou selon la recette sur la boîte. Une fois que la semoule a gonflé, rincez et égouttez bien. Ajoutez les autres ingrédients et remuez.

JANETTE : Cette salade est meilleure après avoir reposé quelques heures au réfrigérateur.

_____

_____

_____

_____

_____

_____

_____

_____

_____

_____

_____

_____

_____

_____

_____

_____

_____

_____

_____

_____

_____

_____

_____

_____

_____

Les épis de maïs sont savoureux cuits sur charbon de bois. Beurrez, salez les épis, enveloppez-les dans du papier d'aluminium. Laissez cuire 15 minutes en les tournant de temps en temps.

_____

_____

_____

_____

_____

_____

_____

_____

_____

_____

_____

_____

_____

_____

_____

_____

_____

_____

_____

_____

_____

_____

_____

_____

À l'occasion, faites cuire vos légumes dans du lait, ils seront tendres et sucrés.

_____

_____

_____

_____

_____

_____

_____

_____

_____

_____

_____

_____

_____

_____

_____

_____

_____

_____

_____

_____

_____

_____

_____

Vos pommes et vos pommes de terre épluchées ne bruniront pas si vous les faites tremper dans de l'eau froide salée.

Pâtes

Pâtes à la sauce aux palourdes

1 ¹/₂ lb (225 g) de spaghettis (ou autres pâtes)
1 boîte de palourdes émincées en conserve et rincées
3 c. à soupe (30 ml) d'huile d'olive
¹/₄ lb (115 g) de beurre
2 gousses d'ail écrasées
2 c. à soupe (30 ml) d'origan
1 c. à soupe (15 ml) de persil haché
¹/₄ c. à thé (1,25 ml) de sauce tabasco ou autres piments
poivre noir, sel

Dans une casserole, mettez l'huile, le beurre, les palourdes, le persil, le sel, la sauce tabasco et l'ail. Faites cuire jusqu'à ébullition. Pendant ce temps, cuisez les pâtes, et égouttez-les. Recouvrez-les de sauce et saupoudrez d'origan et de poivre. Mélangez délicatement et servez immédiatement.

JANETTE : C'est en Italie que j'ai appris ces recettes de pâtes sans sauce tomate. Vous les aimerez, vos enfants aussi.

Suprême de pâtes aux épinards

8 oz (225 g) de pâtes vertes aux épinards
2 tasses (500 ml) de jambon cuit en dés
2 c. à soupe (30 ml) de céleri haché fin
$^1/_2$ tasse (125 ml) de crème 35 %
$^1/_4$ tasse (65 ml) de beurre fondu
1 œuf battu
sel, poivre au goût
1 pincée de sel d'oignon
$^1/_4$ de tasse (65 ml) de persil haché

Cuisez les pâtes dans de l'eau salée. Pendant ce temps, dans une casserole épaisse, mélangez les autres ingrédients (jambon, céleri, sel d'oignon, persil, crème, beurre, œuf), chauffez jusqu'à ce que le tout soit homogène et épaissi. Ajoutez la sauce aux pâtes égouttées. Mélangez délicatement et servez immédiatement avec du parmesan râpé.

JANETTE : Vous trouverez des pâtes aux épinards partout. Elles sont délicieuses et, pour les enfants capricieux ; une diversion.

Les cannellonis de Clairon
(Pour 20 personnes)

2 grands plats en pyrex
3 lb (1,3 kg) de porc haché
ou
1 lb (450 g) de veau, 1 lb (450 g) de porc, 1 lb (450 g) de bœuf
origan, cumin, ciboulette ou oignon
3 paquets de cannellonis précuits ou ordinaires
2 boîtes de tomates italiennes en conserve
$^1/_2$ boîte de pâte de tomate
2 tasses (500 ml) de sauce béchamel au bouillon de poulet
1 tasse (250 ml) de gruyère râpé
basilic, origan, sel, poivre

Faites cuire vos cannellonis dans de l'eau bouillante salée ou servez-vous de cannellonis précuits. Fourrez-les de viande. Il faut que le cannelloni enveloppe complètement la viande. Beurrez les plats allant au four, placez-y les cannellonis et jetez dessus une sauce faite de tomates, de pâte de tomate et de fines herbes, le tout cuit pendant une demi-heure. Recouvrez de votre béchamel, puis de gruyère. Faites cuire 1 $^1/_2$ heure dans un four à 250 °F (120 °C).

JANETTE : Ce plat se congèle très bien. Faites-en toujours plus que moins. Les hommes en raffolent. Pour faire changement, supprimez la sauce tomate ; c'est ainsi qu'on les mange à Rome. Pour rendre ce plat plus léger, omettez la sauce blanche et couvrez de crème 15 %. Je préfère les cannellonis précuits, c'est tellement moins de travail.

Pennine au jambon et aux petits pois

1 lb (454 g) de jambon cuit coupé en cubes
2 boîtes de petits pois verts (les plus petits) ou l'équivalent de pois verts
congelés
$^1/_2$ lb (225 g) de parmesan râpé
poivre
$^1/_2$ tasse (125 g) de crème 35 %
$^1/_4$ lb (115 g) de beurre

Faites cuire des pennine, égouttez-les. Ajoutez le beurre, la crème et tous les autres ingrédients. Servez immédiatement.

JANETTE : C'est ma recette pour utiliser mes restes de jambon. Si vous n'avez pas de restes, achetez une tranche de jambon que vous ferez revenir dans moitié beurre moitié huile. J'ai rapporté cette recette de Rome. Les enfants adorent, ça s'avale tout seul. Le plat réconfortant par excellence. N'ajoutez pas de sel, le jambon est toujours salé.

Pâtes maison

Dans un grand bol, mettez 1 $^1/_4$ tasse (315 ml) de farine blanche ou de semoule de blé, 2 œufs battus et 4 pincées de sel. Mélangez à la main pour faire une pâte souple et élastique. Coupez la pâte en deux. Saupoudrez la table avec 1 c. à soupe (15 ml) de farine, posez dessus la moitié de la pâte, étendez-la avec le rouleau à pâte et coupez-la en deux. Farinez des deux côtés avec 1 c. à soupe (15 ml) de farine. Roulez chaque morceau sur lui-même comme un cigare. Faites la même chose avec l'autre moitié de la pâte. Vous aurez ainsi quatre cigares. Coupez les cigares en tranches d'une épaisseur de $^1/_4$ de po (0,5 cm). Déroulez les tranches. Étendez-les sur un linge à vaisselle fariné et faites sécher une heure ou deux.

Au moment de manger, faites cuire les pâtes pendant 5 minutes dans une casserole d'eau bouillante salée.

JANETTE : Ça vaut le coup de faire ses pâtes, c'est aérien, on a l'impression de croquer des nuages, et puis quel beau moment à passer avec les enfants, les amis ou le conjoint.

Spaghettinis aux herbes séchées

Dans un poêlon, faites fondre $^1/_4$ de lb (115 g) de beurre. Ajouter 2 ou 3 gousses d'ail écrasées et

1 c. à soupe (15 ml) de basilic séché
1 c. à thé (5 ml) de thym séché
1 c. à thé (5 ml) de marjolaine séchée
1 c. à thé (5 ml) de sarriette séchée
$^1/_4$ c. à thé (5 ml) de persil séché
sel, poivre
olives noires en tranches

Faites chauffer cette sauce très légèrement et versez sur des spaghettinis cuits et égouttés. Servez avec du parmesan râpé.

JANETTE : Cette recette me vient d'un grand chef cuisinier. Ce sont des pâtes parfaites pour l'hiver. L'été, je fais cette recette avec des herbes fraîches. Dans ce cas, il faut doubler les quantités. Cinq minutes de préparation à peine, le temps de faire cuire les pâtes. Et c'est bon !

Pâtes amandines

$^1/_2$ lb (225 g) de pâtes de votre choix
$^1/_2$ tasse (125 ml) de beurre
4 oignons émincés finement
3 c. à soupe (45 ml) d'huile d'olive
$^1/_2$ tasse (125 ml) d'amandes en bâtonnets
3 tasses (750 ml) de petits croûtons
sel et poivre au goût

Faites cuire les pâtes, égouttez. Faites fondre $^1/_4$ de tasse (65 ml) de beurre et faites revenir les pâtes pendant quelques minutes. Réservez. Faites frire les oignons jusqu'à ce qu'ils soient bien dorés. Ajoutez-les aux pâtes. Faites chauffer le reste du beurre et faites dorer les amandes à feu doux. Retirez-les du beurre et ajoutez-les aux pâtes. Faites frire les croûtons dans le beurre qui reste et versez-les sur les pâtes. Salez et poivrez au goût. Servez avec du parmesan râpé.

JANETTE : C'est différent de la sauce tomate boulettes, ça c'est certain ! Un goût délicat et fin. J'essaie différentes formes de pâtes, ça excite les appétits.

Mes délices en cadeau

Spaghettis au brie ou au bleu

$^1/_2$ tasse (125 ml) de brie ou de bleu froid en dés
3 tomates italiennes en petits dés
ail
basilic frais
huile

Faites macérer le tout et jetez les pâtes chaudes sur la préparation froide. Servez avec du parmesan.

JANETTE : J'aime ajouter un peu de crème pour rendre le tout onctueux. Surprenant !

Pâtes à la salsa verde

Hachez du persil, de la menthe, du basilic, de la roquette, du cerfeuil, de l'origan et d'autres herbes fraîches. Rincez et émincez 2 anchois. Ajoutez du pain émietté et de l'ail. Passez au robot. Ajoutez 1 c. à soupe (15 ml) de jus de citron pour 4 tasses (1 l) d'herbes.

JANETTE : C'est une sauce de fin d'été alors que les marchés et les jardins regorgent d'herbes fraîches. Cette sauce se sert, bien sûr, sur les pâtes mais aussi sur les salades de tomates et même sur les viandes et les poissons.

Ma recette de base de sauce tomate pour pâtes

4 c. à soupe (60 ml) d'huile d'olive
1 oignon doux émincé
1 gousse d'ail émincée
2 $\frac{1}{4}$ lb (1 kg) de tomates italiennes hachées grossièrement
1 c. à soupe (15 ml) de sel
1 c. à soupe (15 ml) de sirop d'érable ou de sucre
1 c. à soupe (15 ml) d'origan frais ou de basilic frais au goût

Dans une cocotte, faites revenir l'oignon et l'ail 2 minutes dans l'huile d'olive. Ajoutez les tomates, le sel, le sirop d'érable et l'origan. Laissez cuire 30 minutes à feu doux en brassant occasionnellement. Passez la sauce à la moulinette ou au robot.

JANETTE : Cette sauce de tomates fraîches n'a pas sa pareille. C'est la sauce sicilienne par excellence. On peut y ajouter des aubergines frites, des poivrons cuits, des tomates séchées hachées, des câpres, des anchois, des boulettes de viande, du basilic, des courgettes, des olives, etc., selon sa fantaisie et son goût.

Sauce froide d'été
(Pour 4 personnes)

1 à 1 $^1/_2$ lb (450 à 675 g) de pâtes, selon les appétits
1 lb (450 g) de tomates italiennes
1 gros oignon doux, rouge, espagnol ou Vidalia
6 olives vertes
6 olives noires
2 gousses d'ail
1 c. à soupe (15 ml) de câpres
$^1/_2$ c. à thé (2,5 ml) d'origan frais
$^1/_2$ tasse (125 ml) de persil haché
$^1/_2$ tasse (125 ml) d'huile

Coupez en cubes les tomates sans les peler. Hachez l'oignon. Coupez les olives en deux. Écrasez l'ail. Ajoutez le reste des ingrédients. Mélangez et couvrez d'une pellicule plastique. Laissez reposer sur le comptoir toute la nuit. Servez froid sur des pâtes très chaudes avec du parmesan râpé.

JANETTE : C'est une recette extraordinaire. Ultra-facile et qui se multiplie par 10, par 20, etc. On pourrait ajouter des poivrons en fines lanières, des courgettes, du basilic, de la roquette... La sauce à la température de la pièce ne refroidit pas les pâtes, à condition d'avoir des assiettes chaudes. Je la fais plusieurs fois chaque été.

Tagliatelles aux noix

noix de Grenoble
persil, romarin, thym
beurre
huile d'olive
1 gousse d'ail
parmesan râpé
crème 35 %
pâtes

À feu doux, faire légèrement dorer les noix 2 minutes à feu vif dans une poêle en téflon. Passez les noix au robot avec le persil. Ajoutez le beurre et mélangez à nouveau. Versez progressivement l'huile d'olive en un mince filet sans arrêter de mélanger. Ajoutez l'ail, le parmesan et la crème. Faites cuire les pâtes jusqu'à ce qu'elles soient *al dente* et mélangez-les à la sauce avant de servir.

JANETTE : Il n'y a pas de quantités précises pour les ingrédients de cette recette parce que je ne sais jamais pour combien de personnes je vais la faire. C'est au pif ! En variant les noix, amandes, avelines, pacanes, pignons, etc., vous étonnerez votre entourage par le goût extraordinaire de ces pâtes.

Pâtes aux avocats

4 avocats en cubes
jus de 2 limettes
1 gros oignon haché
10 tomates italiennes en cubes
basilic frais ou roquette
12 olives noires
basilic
parmesan râpé

Faites macérer les avocats en cubes dans le jus de limette. Pendant que les pâtes cuisent, faites tomber l'oignon dans de l'huile d'olive, ajoutez les tomates. Cuisez 2 minutes. Salez et poivrez. Ajoutez les olives et retirez du feu. Au moment de servir, couvrez la sauce avec les avocats en cubes (ils ne doivent pas cuire). Servez sur les pâtes, garnissez de basilic et saupoudrez de parmesan râpé.

JANETTE : Délectable. Attention : en aucun moment les avocats ne doivent cuire. Si vous raffolez des avocats, vous pouvez en compter 1 par personne. Pour faire joli, je me sers de pâtes en boucles ou en plumes.

Pâtes à la sauge

Hachez 7 à 10 feuilles de sauge fraîche. Faites macérer dans $1/2$ tasse (125 ml) d'huile d'olive chaude. Versez très chaud sur les pâtes cuites égouttées. Saupoudrez de noix de Grenoble hachées rôties au four ou d'amandes hachées. Servez immédiatement avec du parmesan.

JANETTE : C'est étonnamment délicieux servi seul ou comme accompagnement d'une viande.

Lasagne aux champignons sauvages
(Pour 5 à 10 personnes)

Sauce béchamel :
3 c. à soupe (45 ml) de beurre
3 c. à soupe (45 ml) de farine
3 tasses (750 ml) de lait entier
muscade, sel, poivre

Faites un roux avec le beurre et la farine. Ajoutez le lait chaud et brassez avec un fouet. Ajoutez le sel, le poivre et la muscade. Cuisez doucement 10 minutes.

Sauce tomate :
1 tasse (250 ml) d'oignon haché
2 c. à soupe (30 ml) d'huile d'olive
2 boîtes de tomates en cubes
1 pincée de sucre
2 c. à soupe (30 ml) de basilic frais ou d'origan frais ou séché
(c'est meilleur frais)
ail, sel, poivre

Cuisez les oignons dans l'huile 5 à 6 minutes. Ajoutez les tomates et le sucre, et cuisez 25 minutes. Ajoutez l'ail, le sel, le poivre, et le basilic ou l'origan à la fin.

Champignons sauvages :
Versez de l'eau bouillante sur 1 tasse (250 ml) de champignons secs porcini ou autres. Trempez 10 minutes. Faites cuire.

Assemblage :
Mettez 1 tasse (250 ml) de béchamel dans le fond d'une lèchefrite. Alternez les couches de pâtes, de sauce tomate et de champignons. Terminez avec la béchamel. Couvrez de parmesan ou de gruyère. Cuisez 30 à 35 minutes à 425 °F (220 °C). Attendez 15 minutes avant de servir.

JANETTE : On peut toujours remplacer les champignons sauvages séchés par des portobello frais (2 tasses [500 ml]). Je fais sauter les champignons réhydratés au beurre pour conserver leur goût. Pour une lasagne plus costaude, on pourrait ajouter 1 rang de veau haché cuit dans l'huile et assaisonné d'ail. Une autre lasagne que j'adore : 1 rang de béchamel au fromage, 1 rang de veau haché cuit, 1 rang d'épinards congelés. On assaisonne à son goût.

_____

_____

_____

_____

_____

_____

_____

_____

_____

_____

_____

_____

_____

_____

_____

_____

_____

_____

_____

_____

_____

_____

_____

_____

_____

Si vous voulez éviter que l'eau dans laquelle vous cuisez les pâtes se renverse, ajoutez 1 c. à soupe (15 ml) d'huile à l'eau.

_____

_____

_____

_____

_____

_____

_____

_____

_____

_____

_____

_____

_____

_____

_____

_____

_____

_____

_____

_____

_____

_____

_____

_____

Ne faites pas trop cuire vos pâtes, elles sont meilleures quand elles sont légèrement croquantes. Ne jamais les rincer, ça empêche la sauce d'y adhérer.

_____

_____

_____

_____

_____

_____

_____

_____

_____

_____

_____

_____

_____

_____

_____

_____

_____

_____

_____

_____

_____

_____

_____

_____

_____

Les pâtes de blé entier ou intégrales sont vraiment meilleures au goût que les pâtes blanches. Les fibres sont un cadeau de plus et on s'habitue très vite à ce nouveau goût.

Risottos

Mon risotto de base

6 tasses (1,5 l) de bouillon de poulet ou de légumes
1 c. à soupe (15 ml) de beurre
1 c. à soupe (15 ml) d'huile d'olive
1 oignon ou 2 à 3 échalotes françaises
1 $^{1}/_{2}$ tasse (375 ml) de riz arborio, vialone nano ou carnarolli
$^{1}/_{2}$ tasse (125 ml) de vin blanc, de vermouth ou autre (facultatif)
1 à 2 c. à soupe (15 à 30 ml) de beurre
$^{1}/_{2}$ à 1 tasse (125 à 250 ml) de parmesan
poivre

Il vous faut 2 casseroles. Dans la première, versez le bouillon. Dans l'autre casserole, à fond épais, mêlez huile d'olive et beurre, et faites revenir l'oignon finement haché. Quand il est transparent, ajoutez le riz. Brassez bien. Laissez cuire 2 minutes. Ajoutez, si vous le voulez, du vin blanc ou du vermouth. Tout en remuant, versez au fur et à mesure ce qu'il faut de liquide pour que le riz soit à peine recouvert. Brassez doucement et constamment. Au bout de 18 à 25 minutes, retirez la casserole du feu, goûtez et, si le riz est *al dente*, incorporez le beurre et le parmesan frais râpé au goût. Remuez 2 minutes. Laissez reposer quelques minutes. Poivrez.

JANETTE : Je suis une fervente du risotto. J'aime quasiment mieux le risotto que les pâtes. Comme je me plaignais à Guy Fournier d'avoir à brasser le risotto sans arrêt pendant 25 minutes, il m'a généreusement donné sa méthode de risotto sans brassage, qu'il préfère à la méthode classique.

Le risotto de Guy Fournier

Faites cuire les oignons et le riz 5 minutes comme dans «Mon risotto de base». Versez d'un coup tout le bouillon dans la casserole, couvrez et cuisez 8 minutes. Remuez 2 minutes. Cuire un autre 8 minutes à couvert. Ajoutez le beurre et le parmesan et laissez reposer sans couvercle 2 minutes.

JANETTE : Merci Guy ! Et aucune différence dans le goût, je le jure.

Variantes du risotto de base

Risotto au safran à la milanaise

Au liquide de cuisson, ajoutez 1 c. à thé (5 ml) de pistils de safran que vous aurez fait macérer dans quelques gouttes de vin blanc pendant 15 minutes.

JANETTE : Un classique italien.

Risotto aux fruits de mer

À la fin de la cuisson, juste avant d'ajouter le parmesan et le beurre, incorporez des crevettes, des pétoncles ou du poisson blanc sauté en petits morceaux.

Risotto aux asperges

Faites cuire les asperges 8 minutes dans l'eau, coupez-les en morceaux et ajoutez-les à la fin de la cuisson, avant le fromage et le beurre.

Risotto aux courgettes

Coupez les courgettes en petits morceaux et ajoutez-les à la fin de la cuisson du risotto avec une poignée de feuilles de menthe fraîche, le fromage et le beurre.

Risotto aux champignons

Faites tremper des cèpes séchés dans un peu d'eau bouillante. Hachez les cèpes et versez le jus des champignons dans le liquide de cuisson. Ajoutez les cèpes revenus dans le beurre à la fin de la cuisson.

JANETTE : Si vous avez de l'huile de champignon, ajoutez-en quelques gouttes à la fin de la cuisson.

Risotto aux légumes

Hachez finement des courgettes, des carottes, des oignons, des poivrons rouges, des champignons, des pois verts. Faites cuire 2 minutes dans une poêle avec un peu de beurre et d'huile. Ajoutez au risotto à la moitié de la cuisson.

Risotto à la moelle

Faites cuire des oignons et du riz dans du beurre et de la moelle de 3 ou 4 os à moelle (le beurre remplace l'huile d'olive).

JANETTE : C'est Suzanne Lévesque qui m'a initiée à ce super risotto.

Risotto de la Toscane

Ajoutez au risotto de la pelure de citron en languettes fines ébouillantées 1 minute et du zeste à la moitié de la cuisson, juste avant le beurre et le parmesan.

JANETTE : Un secret : je sers un foie gras poêlé sur ce risotto au citron. C'est effrayant ! C'est mon plat préféré pour recevoir la visite rare. J'ai pris cette recette dans un Relais et Châteaux dans le Chianti, en Toscane.

Risotto à l'orange

Même recette que le risotto de la Toscane, mais le zeste et les suprêmes d'orange remplacent le citron. Je garnis alors de crevettes sautées.

JANETTE : Mon invention, à moins que d'autres artistes de cuisine y aient songé avant moi. En cuisine comme en littérature, on n'invente pas souvent.

Reste de risotto

S'il reste du risotto, ajoutez 1 œuf et aplatissez en galettes. Cuisez des deux côtés dans une poêle en téflon sans ajout de beurre ou d'huile.

JANETTE : Les restes de risotto sont aussi bons que le risotto lui-même. Certains disent que les restes sont meilleurs encore, c'est pourquoi je double toujours ma recette quand je fais un risotto.

Risotto d'orge perlé

C'est exactement la même recette que le risotto de base, mais on substitue l'orge au riz arborio. On peut faire les mêmes variations qu'avec le riz.

Supplis al telephono

2 œufs
2 tasses (500 ml) de restes de risotto
1 tasse (250 ml) de cubes de fromage mozzarella
$^3/_4$ tasse (190 ml) de chapelure

Battez les œufs, ajoutez le risotto. Façonnez en boules. Insérez un cube de fromage dans chaque boule. Roulez chaque boule dans de la chapelure. Faites frire dans votre huile à frites. Faites sécher au four.

JANETTE : En mangeant les supplis, *vous allez comprendre pourquoi on appelle ce plat* supplis al telephono *: les fils du fromage ressemblent à des fils de téléphone. On peut en faire un plat principal servi avec une sauce tomate légère, faite de tomates italiennes modérément cuites et de basilic frais.*

Il est essentiel de se procurer du riz à risotto : arborio, vialone nano ou carnarolli.
Ce sont les seuls susceptibles de faire un bon risotto.

_____

_____

_____

_____

_____

_____

_____

_____

_____

_____

_____

_____

_____

_____

_____

_____

_____

_____

_____

_____

_____

_____

_____

_____

_____

Quand je n'ai pas de bouillon de poulet, je me sers de la base de poulet Knorr Ultimate. Demandez-le à votre épicerie fine. Ça vaut vraiment le coup, et c'est meilleur que les cubes de bouillon. Cette base est faite à partir de vrai poulet et je ne saurais m'en passer.

On ne lave jamais le riz arborio mais, si on se sert du riz basmati (le plus goûteux, selon moi), on le rince à l'eau froide du robinet puis on le laisse sécher dans la passoire.

Desserts

Desserts éclair

- Fraises ou framboises macérées dans le vin rouge ou le vinaigre balsamique.
- Fraises ou framboises macérées dans le porto.
- Pêches fraîches ou en conserve macérées dans le vin blanc ou le vin rosé.
- Raisins verts ou rouges percés avec une aiguille à tricoter et macérés dans le cognac ou le porto.
- Fraises ou framboises sautées dans le beurre (on en recouvre gâteaux, crème glacée et sorbets)

JANETTE : J'ai pris cette dernière recette en Californie chez mes amis Peggy et Paul Wayne. C'est un hit à la maison. La fraise cuite au beurre goûte dix fois plus la fraise fraiche. Il faut garder les fraises entières pour les faire cuire.

Crème de marrons

1 petite boîte de crème de marrons vanillée
1 tasse (250 ml) de crème fouettée

Mélangez les deux ingrédients, servez avec des biscuits maison ou du commerce.

La mousse aux pommes de ma mère

À l'aide d'un couteau économe ou d'une mandoline, émincez très, très finement 3 ou 4 pommes Cortland épluchées. Montez en neige ferme 1 blanc d'œuf et incorporez petit à petit les pommes, un peu de sucre en continuant de brasser au batteur à œufs, électrique ou pas.

JANETTE : C'est une recette ancienne mais très, très bonne. On peut la préparer avec des framboises, des fraises, des bananes. On ajoute le sucre au goût. Il faut préparer la mousse au dernier moment, car elle ne tient que quelques minutes. Martin est fou de la mousse aux framboises. Il faut écraser les petits fruits et les égoutter. Sans ça, il y a trop de jus. Quant à la banane, on l'écrase et on enlève le jus s'il y a lieu.

Mousse au chocolat

(Pour 12 personnes)

8 oz (454 g) de chocolat mi-sucré Baker ou autre
eau
beurre
7 œufs dont vous avez séparé le blanc du jaune
1 tasse (250 ml) de crème 35 %
2 c. à soupe (30 ml) de sucre en poudre

Faites fondre le chocolat mi-sucré Baker ou autre avec un peu d'eau. Ajoutez un morceau de beurre. Retirez du feu et ajoutez les jaunes d'œufs un à un. Mélangez et laissez refroidir. Fouettez la crème. Ajoutez-y le sucre en poudre. Mélangez la crème et le chocolat. Montez les blancs d'œufs en neige. Versez votre mélange dans les blancs d'œufs. Pliez jusqu'à ce que ce soit homogène et laissez refroidir.

JANETTE : La qualité du chocolat compte énormément dans la qualité de la mousse.

Mes délices en cadeau

Café liégeois

Dans un grand verre, mettez 2 c. à soupe (30 ml) de café fort chaud, 2 boules de crème glacée à la vanille ou au chocolat. Terminez par de la crème fouettée. Servez avec une paille et une grande cuillère.

JANETTE : J'ai mangé ce dessert en France. J'aime beaucoup. Plus facile que ça, tu meurs !

Carrés aux pacanes

$^3/_4$ tasse (190 ml) de farine
1 c. à thé (5 ml) de soda à pâte
$^1/_4$ c. à thé (1,25 ml) de sel
1 tasse (250 ml) de cassonade
3 gros œufs
1 tasse (250 ml) de dattes hachées
1 $^1/_2$ tasse (375 ml) de pacanes hachées

Cuisez 1 heure au four à 350 °F (180 °C).

JANETTE : J'ai pris cette recette dans l'autobiographie de Katharine Hepburn. C'est un gâteau substantiel que mon amoureux adore. Un gâteau pour homme, quoi !

Omelette soufflée à la banane

$^1/_2$ tasse (125 ml) de sucre en poudre
4 jaunes d'œufs
4 blancs d'œufs en neige
2 bananes
2 c. à soupe (30 ml) de rhum (facultatif)
1 c. à thé (5 ml) de sucre

Battez les jaunes d'œufs avec le sucre en poudre. Incorporez les blancs d'œufs. Tranchez les bananes, que vous faites macérer dans le rhum. Faites cuire l'omelette et incorporez les bananes et le sucre. Quand l'omelette est cuite, saupoudrez-la de sucre en poudre et vous servez aussitôt.

JANETTE : C'est mon dépanneur, quand je n'ai vraiment pas de dessert.

Gâteau Alaska

Coupez en deux un gâteau éponge ou un gâteau des anges. Fourrez-le de votre crème glacée favorite. Montez 4 blancs d'œufs en neige. Incorporez lentement 1 tasse (250 ml) de sucre. Garnissez rapidement de meringue tous les côtés du gâteau. Faites congeler. Au moment de servir, mettez au four à 450 °F (220 °C) jusqu'à ce que la meringue soit dorée.

Flambez au rhum (facultatif) et mangez immédiatement.

JANETTE : La crème glacée n'aura pas le temps de fondre. Et le chaud-froid vous enchantera. Le rhum doit être chaud pour flamber. Donc, faites-le chauffer le rhum dans une petite casserole avant de mettre l'allumette dessus. Puis versez sur le gâteau.

Bûche de Noël

(Du professeur Bernard, pour 12 personnes)

Le gâteau :
6 œufs moyens
1 tasse (250 ml) de sucre
$^3/_4$ tasse (190 ml) de farine
2 c. à soupe (30 ml) du meilleur cacao possible
$^1/_4$ c. à thé (2,5 ml) de sel
2 c. à thé (10 ml) de poudre à pâte

Dans un bol, avec le batteur à œufs, brassez les œufs et le sucre un bon 10 minutes. Ajoutez le reste des ingrédients. Brassez. Huilez légèrement une tôle à pâtisserie de 20 po x 15 po (50 cm x 37,5 cm) ou utilisez du papier parchemin. (Si vous faites cette bûche pour 6 personnes, divisez les quantités par 2 et utilisez une tôle de 15 po x 10 po [37,5 cm x 25 cm]). Réglez la température du four à 400 °F (200 °C). Faites cuire de 9 à 10 minutes. Quand le gâteau est cuit, démoulez-le sur une grille.

Le glaçage :
1 lb (454 g) de beurre non salé (doux)
1 boîte de 15 oz (500 g) de crème de marrons vanillée
1 $^1/_2$ tasse (375 g) de sucre en poudre
2 jaunes d'œufs
2 oz (70 ml) de rhum brun

Placez dans un bol tous les ingrédients sauf les jaunes d'œufs et le rhum. Battez pendant 5 minutes. Ajoutez le rhum et les jaunes d'œufs. Battez pendant 15 secondes.

Préparation de la bûche :
Quand le gâteau est froid, étendez le glaçage sur le dessus. Roulez délicatement le gâteau dans le sens de la longueur. Quatre mains valent mieux que deux. Placez sur un plateau et mettez au réfrigérateur ou au congélateur. Montez en neige 5 blancs d'œufs avec 1 tasse (250 ml) de sucre et $^1/_2$ c. à thé (2,5 ml) de crème de tartre (facultatif).

Montage de la bûche :

Coupez les deux bouts de la bûche en biseau. Placez ces morceaux à plat sur la bûche (ce sont les nœuds). Recouvrez entièrement la bûche d'une couche de meringue. Avec une fourchette, tracez des sillons dans la meringue. Mettez au réfrigérateur ou au congélateur dans un plat allant au four.

Au moment de servir, faites chauffer le four à 500 °F (260 °C). Saupoudrez la bûche de sucre en poudre. Faites dorer la bûche (surveillez-la bien !). Pendant qu'elle dore, faites chauffer le rhum (6 oz [195 ml]). Au moment de servir, éteignez les lumières, mettez le feu au rhum chaud dans le fond du plat. (Attention à la nappe !)

JANETTE : Si votre gâteau est trop sec pour le rouler, humectez-le d'un peu de rhum. Cette bûche se congèle ; on peut donc la préparer bien avant les Fêtes. Pour varier, vous pouvez remplacer la crème de marrons par de la crème glacée ramollie. Je fais cette bûche depuis de nombreux, nombreux Noël. Elle est aussi spectaculaire qu'elle est savoureuse.

Mon millefeuille facile (Napoléon)

(Pour 10 personnes)

2 paquets de pâte feuilletée congelée
2 paquets de pouding et garniture pour tarte Jell-o à la vanille
2 tasses (500 ml) de crème à fouetter
glaçage à la vanille
chocolat fondu
3 tôles à pâtisserie de 15 $^1/_2$ po x 10 $^1/_2$ po (37,5 cm x 26 cm)

Faites dégeler la pâte congelée au réfrigérateur. Étendez-la au rouleau à pâte et posez-la sur les 3 tôles garnies de papier parchemin. Piquez avec une fourchette. Préparez la crème à la vanille selon le mode de préparation sur la boîte, mais en omettant 1 $^1/_2$ tasse (375 ml) de lait. Fouettez la crème et incorporez-la à la crème à la vanille quand celle-ci est refroidie.

Faites cuire la pâte feuilletée dans un four à 425 °F (220 °C) pendant 20 à 25 minutes, jusqu'à ce que la pâte soit dorée de part en part. Quand la pâte est cuite, laissez refroidir. Sur une plaque de pâte cuite, mettez la crème à la vanille ; couvrez-la de l'autre plaque de pâte et ainsi de suite. Glacez le gâteau.

Glaçage :
2 tasses (500 ml) de sucre en poudre
1 blanc d'œuf
$^1/_4$ tasse (65 ml) de lait
1 c. à thé (5 ml) de vanille

Mélangez le tout et glacez. Décorez d'un quadrillé de chocolat fondu. Pour faire le quadrillé, tracez des lignes à 1 po (2,5 cm) d'intervalle avec du chocolat fondu et passez une fourchette sur les lignes. Mettez au réfrigérateur.

JANETTE : Vous n'avez pas besoin de dire à vos invités que vous avez employé des raccourcis, c'est un secret entre nous. Je vous promets un immense succès avec ce Napoléon. Spectaculaire, délicieux, mais difficile à trancher. On doit alors se servir d'un couteau à pain et tenir le gâteau de l'autre main. Ça aussi, c'est un secret entre nous.

Le gâteau argentin de Clairon

(Pour 25 personnes)

Les meringues :
12 blancs d'œufs
3 $\frac{1}{2}$ tasses (875 ml) de sucre en poudre
4 tasses (1 l) de pacanes brisées en tout petits morceaux au couteau ou au robot

Battez les blancs d'œufs très ferme ; ajoutez le sucre et les noix. Beurrez 3 tôles à pâtisserie de 15 $\frac{1}{2}$ po x 10 $\frac{1}{2}$ (39 cm x 26 cm). Recouvrez les 3 tôles de papier parchemin. Étendez-y le mélange. Cuisez à 425 °F (220 °C) pendant 10 à 15 minutes, une plaque à la fois. Retournez les meringues sur un papier ciré non beurré. Elles seront plates et minces.

La crème au beurre :
1 lb (454 g) de beurre non salé, en crème
$\frac{1}{2}$ lb (225 g) de chocolat Baker semi-sucré fondu
(ou de chocolat de meilleure qualité)
2 c. à soupe (30 ml) de cacao ordinaire (ou de meilleure qualité)
2 tasses (500 ml) de sucre en poudre
2 blancs d'œufs
14 jaunes d'œufs
pacanes ou amandes effilées

Mélangez les quatre premiers ingrédients et ajoutez un par un 12 jaunes d'œufs, en battant bien après chaque addition. Ajoutez 2 autres jaunes d'œufs. Battez les 2 blancs et incorporez-les au mélange. Déposez sur un plateau une des meringues, fourrez de crème au beurre et montez ainsi les étages. Mettez au réfrigérateur au moins 12 heures. Décorez le gâteau de pacanes coupées ou d'amandes effilées dorées au four.

JANETTE : Jamais vous n'avez mangé un aussi bon gâteau. Comme il a l'avantage de pouvoir se congeler, on peut donc le préparer à l'avance. C'est grâce à la générosité de mon amie Clairon que je peux vous donner cette recette qui fera de vous la meilleure cuisinière en ville. Les hommes aussi peuvent réussir cette recette. Mon gendre, François Guy, est devenu l'expert en gâteau argentin de la famille.

Gâteau au chocolat pour homme

1 $1/_2$ tasse (375 ml) de farine
3 c. à soupe (45 ml) de cacao
1 c. à soupe (15 ml) de soda à pâte
1 tasse (250 ml) de sucre
$1/_2$ c. à thé (5 ml) de sel
5 c. à. soupe (75 ml) d'huile végétale
1 c. à soupe (15 ml) de vinaigre
1 c. à thé (5 ml) de vanille
1 tasse (250 ml) d'eau froide

Mélangez bien la farine, le cacao, le soda, le sucre et le sel. Jetez le tout dans un moule à gâteau beurré de 9 po x 9 po x 2 po (22,5 cm x 22,5 cm x 5 cm). Faites 3 trous dans ce mélange sec. Dans un trou, versez l'huile, dans l'autre, le vinaigre, et dans le troisième, la vanille. Versez ensuite l'eau froide sur le tout. Brassez ce mélange boueux avec une cuillère jusqu'à ce que la farine soit disparue. Cuisez à 350 °F (180 °C) pendant 30 minutes.

JANETTE : Si le gâteau est pour homme, c'est qu'il est aussi facile à faire qu'il est consistant et chocolaté comme l'homme aime les gâteaux. Si l'homme veut un glaçage, qu'il dépose sur le gâteau des pastilles de chocolat à la menthe After Eight et qu'il mette le gâteau au four jusqu'à ce que les pastilles soient fondues. Ce gâteau n'exige que 5 minutes de préparation. Je me permets de suggérer cette recette à tous les jeunes garçons et filles qui veulent se lancer dans la confection d'un dessert sans risque de le manquer. On pourrait le baptiser « gâteau pour les nuls ». Je suggère alors de le servir avec une boule de crème glacée à la vanille ou aux brisures de chocolat.

Kiss me cake

$^1/_2$ tasse (125 ml) de beurre
1 tasse (250 ml) de sucre
2 œufs
2 tasses (500 ml) de farine
$^1/_2$ c. à thé (2,5 ml) de soda à pâte
$^1/_4$ c. à thé (1,25 ml) de sel
$^3/_4$ tasse (190 ml) de lait
1 tasse (250 ml) de raisins secs Sultana
1 orange entière
l'écorce et le jus d'une autre orange
sucre en poudre, noix hachées

Battez ensemble le beurre et le sucre. Ajoutez 2 œufs, un à la fois, la farine, le soda à pâte, le sel et le lait. D'autre part, passez au robot les raisins avec l'orange entière et l'écorce de l'autre orange, dont vous conservez le jus pour arroser le gâteau au sortir du four. Faites cuire 55 minutes à 350 °F (180 °C). Arrosez le gâteau de jus d'orange. Laissez reposer quelques minutes. Saupoudrez de sucre en poudre et de noix hachées.

JANETTE : C'est un gâteau moelleux, goûteux, une recette de ma tante Anita, qui l'a rapporté d'Écosse. Les raisins et l'orange ne doivent pas être en pâte mais en grumeaux.

Le shortcake de ma mère

2 œufs
$^1/_2$ tasse (125 ml) de beurre
$^1/_2$ tasse (125 ml) de lait
1 tasse (250 ml) de sucre
2 tasses (500 ml) de farine
2 c. à thé (10 ml) de poudre à pâte
1 pincée de sel
1 c. à thé (5 ml) de vanille

Beurrez un moule rond. Remplir aux $^3/_4$ de petits fruits (fraises, framboises, bleuets, pommes, pêches ou poires). Au batteur électrique, combinez le beurre et le sucre, ajoutez les œufs, un à la fois, puis le reste des ingrédients et versez cette pâte sur les fruits déjà dans le moule. Faites cuire $^3/_4$ d'heure à 350 °F (180 °C) ou jusqu'à ce que le gâteau soit cuit. Ce gâteau se mange tiède avec de la crème 35 % ou de la crème fouettée.

JANETTE : Cette recette fait les délices de ma famille, qui en redemande sans cesse depuis toujours.

Mes délices en cadeau

Gâteau aux fraises de la Californie

1 mélange à gâteau doré en boîte
1 gros paquet de Jell-o aux fraises
$^1/_2$ tasse (125 ml) d'huile végétale
3 œufs
1 tasse (250 ml) de fraises fraîches écrasées

Faites le gâteau comme c'est indiqué sur la boîte. Ajoutez-y le reste des ingrédients, les fraises en dernier. Cuisez à 350 °F (180 °C) ou jusqu'à ce que le gâteau soit cuit. Garnissez d'un glaçage fait de beurre, de sucre en poudre et de fraises écrasées égouttées.

JANETTE : J'ai gardé secrète pendant longtemps la recette de mon gâteau aux fraises. Il semblait trop facile et j'utilisais trop d'expédients. Tout ce que je peux vous dire, c'est qu'il goûte la fraise mur à mur et que les jeunes l'adorent. J'ai pris cette recette à Hollywood, quand je tournais Big Red, chez Walt Disney.

Gâteau à la cassonade

1 œuf
1 tasse (250 ml) de cassonade
1 $^1/_4$ tasse (315 ml) de farine
1 $^1/_2$ c. à thé (7,5 ml) de poudre à pâte
$^1/_4$ c. à thé (1,25 ml) de sel
$^1/_4$ tasse (65 ml) de beurre fondu
$^1/_2$ tasse (125 ml) de lait
vanille

Le glaçage :
$^1/_3$ tasse (85 ml) de beurre
$^1/_3$ tasse (85 ml) de cassonade
$^1/_4$ tasse (65 ml) de crème 35 %

Battez l'œuf et la cassonade, ajoutez le reste. Mettez au four à 350 °F (180 °C), faites cuire 35 minutes approximativement. Pour le glaçage, faites chauffer ensemble pendant 5 minutes le beurre, la cassonade, la crème 35 % et couvrez-en le gâteau. Décorez de noix de Grenoble ou de pacanes. Passez au gril quelques minutes.

JANETTE : Facile à faire, le glaçage est à même le gâteau. Délicieux.

Kutchen aux pêches

Préparez un gâteau doré en boîte. Versez dans un moule et glissez des quartiers de pêches dans la pâte. Cuisez 30 minutes à 350 °F (180 °C). Faites cette sauce : $1/4$ tasse (65 ml) de sucre, un peu de cannelle, 1 jaune d'œuf, 3 c. à soupe (45 ml) de crème 35 %. Mettez sur le gâteau et cuisez 10 minutes de plus. Servez tiède.

JANETTE : Bon, simple comme tout et ce n'est pas mentir que de s'abstenir de dire d'où provient la base du gâteau. C'est une recette allemande que j'ai adaptée dès mon retour de Baden-Baden.

Gâteau au citron de la Toscane

1 tasse (250 ml) de beurre
2 tasses (500 ml) de sucre
3 œufs
3 tasses (750 ml) de farine
1 c. à thé (5 ml) de poudre à pâte
sel
1 tasse (250 ml) de crème 35 %
4 c. à soupe (60 ml) de jus de citron
zeste de 2 citrons

Battez le beurre avec le sucre. Ajoutez 3 œufs, l'un après l'autre. D'autre part, mélangez la farine, la poudre à pâte et le sel. Incorporez le mélange crémeux au mélange de farine. Ajoutez la tasse de crème ainsi que le jus de citron et le zeste des citrons. Cuisez 50 minutes à 350 °F (180 °C). Glacez avec un mélange de beurre, de sucre en poudre, de jus de citron et de zeste de citron.

JANETTE : Délectable avec le thé ! C'était le gâteau préféré de Carole Levert, mon amie éditrice. J'ai pris la recette en Toscane, dans un petit restaurant familial du Chianti.

Pavlova
(Pour 8 personnes)

1 tasse (250 ml) de sucre à fruits
1 c. à soupe (15 ml) de fécule de maïs
4 blancs d'œufs à la température de la pièce
$1/4$ c. à thé (1,25 ml) de sel
$1/4$ c. à thé (1,25 ml) de crème de tartre
1 c. à thé (5 ml) de vanille
1 c. à thé (5 ml) de vinaigre blanc
1 tasse (250 ml) de crème à fouetter
petits fruits (fraises, framboises, bleuets...)

Préchauffez le four à 275 °F (135 °C). Battre les blancs d'œufs. Ajoutez le reste, excepté la crème et les petits fruits. Sur une tôle à pâtisserie recouverte de papier parchemin, faites un cercle de 10 po (25 cm) de diamètre au crayon. Déposez le mélange en nid dans le cercle. Avec le dos d'une cuillère, étalez jusqu'au contour tracé au crayon. Cuisez $1 1/4$ heure. Fermez le feu et laissez la meringue dans le four pour 1 autre heure. Juste avant de servir, fouettez la crème et remplissez le nid. Décorez de petits fruits frais (fraises, framboises, bleuets ou les trois ensemble).

JANETTE : J'ai essayé pendant 50 ans de faire un Pavlova. Je ne le réussissais jamais. Jusqu'à ce que je découvre dans un magazine américain le secret de sa réussite. Je le partage avec vous. Un Pavlova, c'est un dessert magique, enchanteur, fantastique et ça fond sur la langue. Un dessert de fête ! Et quel triomphe pour vous. Vous aurez une ovation, je vous le jure.

Gâteau aux bananes

1 tasse (250 ml) de beurre
2 tasses (500 ml) de sucre
4 œufs
6 bananes mûres
2 tasses (500 ml) de farine
2 c. à thé (10 ml) de poudre à pâte
2 c. à thé (10 ml) de soda à pâte
2 c. à thé (10 ml) de sel

Battez le sucre avec le beurre, ajoutez les œufs, les bananes écrasées et tout le reste. Cuisez au four à 350 °F (180 °C) 30 à 45 minutes.

JANETTE : Le gâteau de ma grand-mère. L'«haïssable»! Je le sers avec un petit glaçage au beurre, au sucre en poudre, vanille et crème. C'est un pur délice.

Gâteau aux pacanes et au scotch

3 tasses (750 ml) de raisins secs
$^1/_2$ tasse (125 ml) de scotch ou de bourbon
$^1/_2$ c. à thé (2,5 ml) de muscade
$^1/_2$ tasse (125 ml) de beurre mou
1 tasse (250 ml) de sucre
5 œufs, le blanc séparé du jaune
1 $^1/_2$ tasse (375 ml) de farine
1 c. à thé (2,5 ml) de poudre à pâte
4 tasses (1 l) de pacanes

Mélangez les raisins, le scotch et la muscade. Dans un autre bol, battez le beurre et le sucre 5 minutes. Ajoutez les jaunes d'œuf, un à la fois. Ajoutez farine, poudre à pâte, raisins et pacanes en alternance. Battez les blancs d'œufs et incorporez. Faites cuire 1 heure à 350 °F (180 °C).

JANETTE : C'est le gâteau préféré de Donald. C'est un gâteau consistant, nourrissant et peu sucré finalement. Un gâteau comme les hommes les aiment. Il y a de quoi se mettre sous la dent. Quand je n'ai pas de scotch, je me sers de rhum. C'est aussi bon. Très américain comme recette.

Les petits pets de Magella

1 œuf
1 ¹/₂ tasse (375 ml) de sucre
1 tasse (250 ml) de lait
1 morceau de beurre gros comme un œuf
1 tasse (250 ml) de farine
vanille
1 c. à thé (5 ml) de poudre à pâte
sel
1 tasse (250 ml) de noix de Grenoble ou de pacanes, hachées
1 tasse (250 ml) de raisins secs

Battez le sucre avec le beurre. Ajoutez l'œuf, la farine, le lait, la vanille, la poudre à pâte et le sel. Battez, ajoutez les noix hachées et les raisins. Mettez-les dans des moules à muffins (j'ajoute en plus des papiers à muffins). Cuisez 35 minutes à 350 °F (180 °C) ou jusqu'à ce que ce soit cuit. Quand les gâteaux sont refroidis, couvrez de glaçage fait de beurre, de crème, de vanille et de sucre en poudre. Ces petits pets se conservent dans une boîte à biscuits.

JANETTE : Je fais ces petits pets depuis que j'ai 6 ans. Ils sont maintenant les gâteaux favoris de mes petits-enfants. Je fais toujours deux recettes ; une, ce n'est jamais assez.

Ma pâte à tarte infaillible

5 tasses (1,25 l) de farine
1 lb (454 g) de shortening ou de beurre
1 tasse (250 ml) d'eau glacée
1 œuf battu

Placez tous vos ingrédients et vos ustensiles au réfrigérateur ; c'est là le secret de la réussite de cette pâte. Quand tout est refroidi, vous mettez le beurre dans la farine, vous le coupez en dés (de la grosseur d'un petit pois) avec le coupe-pâte ou deux couteaux et vous ajoutez l'eau glacée et l'œuf. Mélangez rapidement avec vos mains et mettez la pâte au réfrigérateur pendant 1 heure. Roulez et faites cuire immédiatement pour ne pas donner le temps au beurre de fondre.

JANETTE : On peut, si on veut, remplacer le shortening par du beurre. Ça ne goûte pas la même chose ; c'est meilleur. Et cette pâte se conserve au réfrigérateur au moins 1 semaine. On peut aussi la congeler.

Tarte aux pacanes

2 œufs battus
1 tasse (250 ml) de sirop de maïs ou d'érable
1 c. à thé (5 ml) de vanille
1 tasse (250 ml) de sucre
2 c. à soupe (30 ml) de beurre
1 tasse (250 ml) de pacanes hachées

Mélangez tous les ingrédients et déposez dans un fond de tarte non cuit. Faites cuire $^3/_4$ d'heure à 400 °F (200 °C).

JANETTE : On peut aussi, bien sûr, en faire des tartelettes. Si on omet les pacanes et qu'on se sert de sirop d'érable, on obtiendra une tarte à l'érable savoureuse.

Clafoutis

3 tasses (750 ml) de cerises

Pâte :
1 tasse (250 ml) de sucre
2 c. à soupe (30 ml) de kirsch (facultatif)
1 $\frac{1}{4}$ tasse (315 ml) de lait 3 %
3 œufs
$\frac{2}{3}$ tasse (170 ml) de farine tout usage
1 pincée de sel

Mettez les cerises dans un plat en pyrex beurré. Versez la pâte sur les fruits. Cuisez 45 minutes à 350 °F (180 °C). Saupoudrez de sucre en poudre au sortir du four. Servez avec de la crème 35 %, de la crème glacée ou tel quel.

JANETTE : Cette ancienne recette française peut se faire avec des pommes, des pêches, des poires, etc., mais les cerises conviennent parfaitement. En somme, tous les fruits conviennent, sauf les fraises et les framboises. Je garde les noyaux des cerises depuis que j'ai découvert que, dans le Périgord, on ne les enlève pas. Facile à faire. Original au Québec.

Tartes tatin sucrées

Tarte tatin aux pommes

Pâte brisée, pâte feuilletée congelée ou pâte à tarte
5 pommes Cortland pelées
6 c. à soupe (90 ml) de beurre
2 c. à soupe (30 ml) de sucre ou de cassonade

Faire fondre le beurre dans le sucre dans une poêle allant au four. Déposez dans ce caramel des grosses tranches de pomme. Posez la pâte sur les pommes. Pratiquez un petit trou au centre pour laisser échapper la vapeur. Enfournez à 400 °F (200 °C). Cuisez 10 minutes. Baissez le feu à 300 °F (150 °C) et continuez la cuisson encore 20 à 30 minutes. À la sortie du four, retournez la poêle sur une grande assiette. Garnissez de crème 35 %, fouettée ou pas, de crème glacée à la vanille ou servez tel quel, tiède.

JANETTE : C'est Juliette Huot qui m'a fait découvrir cette excellente tarte. Elle l'a améliorée en déposant des quartiers de pacanes dans le sucre et le beurre avant d'y verser les pommes. Je fais mes tartes tatin dans une poêle en fonte mais on pourrait aussi utiliser un moule rond à gâteau.

Tarte tatin aux abricots

Je dépose dans le beurre et le sucre des moitiés d'abricots frais et je couvre d'un mélange de 2 œufs, de sucre et de crème 35 %. Je recouvre de pignons rôtis, puis de la pâte. Même temps de cuisson.

Tarte tatin aux poires

Dans une casserole, mettez à chauffer 4 tasses (1 l) d'eau avec $^1/_2$ tasse (125 ml) de sucre. Plongez-y des demi-poires pelées. Cuisez 10 minutes. Faites gonfler $^1/_2$ tasse (125 ml) de raisins secs dans 2 c. à soupe (30 ml) de rhum ou d'eau. Fouettez ensemble 3 œufs avec 3 c. à soupe (45 ml) de poudre d'amande. Déposez les poires dans le fond d'un moule ou d'un poêlon allant au four. Recouvrez des raisins et des œufs. Déposez sur le tout une pâte à tarte ou une pâte feuilletée. Enfournez à 400 °F (200 °C) pour 30 minutes. Renversez sur une assiette. Servez tiède.

Tarte tatin aux pêches

Faites comme pour la tarte tatin aux pommes. Les pêches sont en demies, le dos sur le fond de la poêle.

Tarte tatin aux mangues

Faites comme pour la tarte tatin aux pommes. Les mangues sont en gros morceaux.

Tarte tatin aux bananes et au chocolat

Faites comme pour la tarte tatin aux pommes. Aux bananes ajoutez des pastilles de chocolat.

Tartes tatin salées

Tarte tatin aux tomates, à la mozzarella et au basilic

Déposez des moitiés de tomates italiennes dans le sucre et le beurre, dos vers la poêle ou le moule. Recouvrez de tranches de mozzarella de qualité, d'olives noires, de feuilles de basilic et de 1 c. à soupe (15 ml) d'huile d'olive. Salez et poivrez. Recouvrez de pâte. Faites cuire de la même façon que la tarte tatin aux pommes.

Tarte tatin aux tomates séchées et aux tomates fraîches

Même recette que la précédente mais, à la place de la mozzarella et des olives noires, on met des tomates fraîches et des tomates séchées.

Tarte tatin aux tomates, au basilic et au chèvre

Même recette que la tarte tatin aux tomates, à la mozzarella et au basilic, mais utilisez des tomates en boîte égouttées et remplacez la mozzarella par du chèvre. Recouvrez d'un mélange de 2 œufs et de $1/4$ de tasse (65 ml) de crème 35 %.

Tarte tatin aux poires et au roquefort

3, 4 poires vertes
7 oz (210 g) de roquefort
3 œufs
4 c. à soupe (60 ml) de crème 35 %

Pelez les poires et râpez-les. Écrasez le roquefort à la fourchette. Battez les œufs avec la crème. Ajoutez les poires et le roquefort. Versez cette préparation dans une poêle ou un moule et recouvrez de pâte à tarte. Faites cuire 30 minutes à 400 °F (200 °C) et 20 minutes à 350 °F (180 °C). Renversez.

Tarte tatin aux poivrons rouges

Déposez les poivrons sur le dos dans le sucre et le beurre. Ajoutez de l'origan frais et des olives noires. Recouvrez de pâte.

Variantes de tartes tatin

Épinards et feta
Poivrons et tapenade
Endives
Brocoli et fromage de chèvre
Poireaux

JANETTE : La tarte tatin est facile à préparer et spectaculaire. Laissez aller votre imagination et servez-la sucrée ou salée, comme dessert ou comme entrée. En cuisant à l'envers, la tarte laisse exhaler des parfums envoûtants de fruits ou de légumes, selon le cas. Et si vous ne savez pas faire la pâte à tarte, vous pouvez toujours vous servir de pâte feuilletée commerciale congelée ou l'acheter dans les pâtisseries ou les boulangeries.

Tarte frangipane

$^1/_2$ tasse (125 ml) de beurre mou
$^1/_2$ tasse (125 ml) de sucre
2 œufs
1 tasse (250 ml) d'amandes en poudre
$^1/_2$ c. à thé (2,5 ml) d'essence d'amande

Pour la frangipane, battez le beurre et le sucre jusqu'à ce que le mélange soit pâle et crémeux. Ajoutez les œufs, l'un après l'autre, incorporez le reste et réservez. Garnissez un fond de tarte non cuit de quartiers d'abricots (ou de poires, ou de pommes). Versez la frangipane et cuisez à 400 °F (200 °C) pendant 15 à 20 minutes, jusqu'à ce qu'un couteau inséré dans la tarte en sorte propre.

JANETTE : C'est une recette de tarte que j'ai rapportée de Suisse et qui étonne mes invités. Moi, j'aime beaucoup, beaucoup la tarte aux abricots frangipane. Je lui dois sûrement quelques bourrelets.

Tarte pignons et miel

$^1/_2$ tasse (125 ml) de beurre
$^1/_2$ tasse (125 ml) de miel
$^1/_2$ tasse (125 ml) de poudre d'amande
3 œufs
$^3/_4$ tasse (190 ml) de pignons préalablement rôtis
$^1/_4$ tasse (65 ml) de miel pour couvrir

Incorporez tous les ingrédients et déposez dans une pâte à tarte non cuite. Cuisez à 400 °F (200 °C) pendant 30 minutes.

Tartelettes à l'érable vite faites

12 tartelettes congelées
3 œufs
$^1/_4$ tasse (65 ml) de beurre fondu
1 boîte de lait condensé
$^3/_4$ tasse (190 ml) de sirop d'érable

Mélangez le tout. Mettez au four 20 minutes à 400 °F (200 °C) ou jusqu'à ce qu'un couteau inséré dans la tarte en sorte porpre. Facile !

Tarte à la limette *(Keylime Pie)*

Pâte :
1 $^1/_2$ tasse (375 ml) de biscuits Graham émiettés
$^1/_4$ tasse (65 ml) de sucre
5 c. à soupe (75 ml) de beurre fondu

Remplissage :
1 boîte de lait condensé sucré
2 jaunes d'œufs à la température de la pièce
zeste de 2 limettes
2 blancs d'œufs battus
$^1/_2$ tasse (125 ml) de jus de limette

Battez ensemble les ingrédients du remplissage et faites refroidir 30 minutes. Mettez dans une croûte cuite. Battez les blancs d'œufs avec une $^1/_4$ de c. à thé (1,25 ml) de crème de tartre et $^1/_4$ de tasse (65 ml) de sucre. Mettez le mélange de blancs d'œufs sur la tarte et cuisez 20 minutes à 375 °F (180 °C), ou jusqu'à ce que la meringue soit dorée.

JANETTE : Cette tarte que l'on dévore aux États-Unis est une tarte d'été rafraîchissante qui nous change de l'habituelle tarte au citron.

Tarte au sirop d'érable

1 1/4 tasse (315 ml) de cassonade
1/2 tasse (125 ml) de crème 35 %
1/3 tasse (85 ml) de sirop d'érable
2 œufs
2 c. à soupe (30 ml) de beurre ramolli

Mélangez le tout. Mettez dans un fond de tarte non cuit. Cuisez à 350 °F (180 °C) pendant 45 minutes.

JANETTE : C'est un classique du Québec. C'est toujours bon et apprécié.

Galette bretonne

3 jaunes d'œufs
1 tasse (250 ml) de sucre
1 tasse (250 ml) de beurre
1 1/2 tasse (375 ml) de farine
1 c. à thé (5 ml) de poudre à pâte
1 c. à thé (5 ml) d'eau de fleur d'oranger

Battez ensemble les jaunes d'œufs et le sucre. Ajoutez le beurre fondu, la farine, la poudre à pâte et la fleur d'oranger. Dorez au jaune d'œuf. Faites cuire 1 heure environ à 350 °F (180 °C). La galette sera mince et un peu dure.

JANETTE : J'ai pris cette recette en Bretagne. Ce n'est pas un gâteau à proprement parler. On mange surtout cette galette au déjeuner avec du café ou du thé. Je fais cuire ma galette dans une grande assiette à tarte doublée de papier parchemin. J'adore !

Biscuits à l'anis vert

2 tasses (500 ml) de sucre
2 œufs
1 tasse (250 ml) de beurre mou
2 c. à soupe (30 ml) de lait
3 tasses (750 ml) de farine
1 c. à thé (5 ml) de poudre à pâte
1 pincée de sel
1 c. à thé (5 ml) de vanille
$^1/_4$ tasse (65 ml) d'anis vert écrasé

Brassez le sucre avec les œufs, ajoutez le reste. Mélangez et façonnez en rouleau dans du papier ciré. Congelez. Quand les rouleaux sont congelés, tranchez-les en tranches minces et posez sur du papier parchemin. Cuisez à 375 °F (180 °C) jusqu'à ce que les biscuits soient dorés.

JANETTE : Mes biscuits préférés. Plus ils sont tranchés minces, plus ils sont croquants.

Biscuits aux pépites de chocolat de luxe

1 tasse (250 ml) de beurre ramolli
1 $^1/_2$ tasse (375 ml) de farine
1 tasse (250 ml) de flocons d'avoine
$^1/_2$ tasse (125 ml) de céréales Grape Nuts
1 c. à soupe (15 ml) de soda à pâte
$^1/_2$ c. à thé (2,5 ml) de sel
$^3/_4$ tasse (190 ml) de cassonade
$^3/_4$ tasse (190 ml) de sucre
2 gros œufs
2 c. à thé (10 ml) de vanille
1 paquet de 12 oz (360 g) de pastilles de chocolat noir de bonne qualité

Dans un bol, mélangez tous les ingrédients secs. Dans un autre bol, battez le beurre avec les œufs. Incorporez les ingrédients secs dans le mélange de beurre et d'œufs. Déposez par cuillerées sur un papier parchemin placé dans une tôle à pâtisserie. Cuisez à 350 °F (180 °C) de 10 à 15 minutes, ou jusqu'à ce que les biscuits soient dorés.

JANETTE : Ces biscuits sont des plaisirs goûteux et nourrissants.

Les biscuits préférés de Donald

1 tasse (250 ml) de beurre
2 tasses (500 ml) de cassonade
2 œufs
2 c. à thé (10 ml) de vanille
2 tasses (500 ml) de farine
2 c. à thé (10 ml) de poudre à pâte
sel
1 $^1/_2$ c. à thé (7,5 ml) de canelle
1 tasse (250 ml) de pacanes
1 tasse (250 ml) de raisins secs
1 tasse (250 ml) de son Nabisco

Battez le beurre et la cassonade. Ajoutez le reste. Garnissez de grandes tôles à pâtisserie de papier parchemin. Déposez-y des cuillères (1 c. à soupe [15 ml]) du mélange à biscuits, écrasez avec une fourchette trempée dans de l'eau froide. Faites cuire à 375 °F (180 °C) jusqu'à ce que les biscuits soient dorés.

JANETTE : Des biscuits moelleux, croustillants et nourrissants. Donald fond devant mes biscuits.

Délice hawaïen

1 tranche d'ananas
1 boule de crème glacée
Le tout recouvert d'une cerise.

Arrosez de crème de menthe alcoolisée ou pas.

Bombe glacée

4 tasses (1 l) de crème glacée à la vanille
8 macarons émiettés
3 c. à soupe (45 ml) de jus d'orange ou de Grand Marnier
1 tasse (250 ml) de crème 35 %
8 oz (225 g) d'amandes émincées et grillées au four

Sortez la crème glacée du réfrigérateur pour qu'elle amollisse un peu. Ajoutez les macarons émiettés et le jus d'orange ou le Grand Marnier. Fouettez la crème et ajoutez avec le reste à la crème glacée. Mettez dans un moule de votre choix. Recouvrez de pellicule plastique et faites prendre au congélateur pendant 4 à 5 heures.

Au moment de servir, démoulez votre bombe (enveloppez votre moule d'une serviette trempée dans de l'eau très chaude, passez une spatule tout autour du moule et retournez sur votre plat de service). Arrosez de sauce aux fraises chaudes.

Sauce : faites chauffer des fraises avec du beurre et du sucre. Arrosez la bombe et servez aussitôt.

JANETTE : Délectable ! Je me sers d'un cul de poule comme moule. Pour un party, c'est le vrai dessert-surprise et il est vraiment facile à réussir.

Crème glacée et...

Crème glacée à la vanille... et fraises sautées dans le beurre
Crème glacée aux pêches... et orange et zeste d'orange
Crème glacée au caramel et aux pacanes... et tranches de bananes cuites dans le beurre avec de la cassonade
Crème glacée au chocolat... et quartiers et jus de tangerine.
Crème glacée au chocolat... et copeaux de chocolat et pacanes
Crème glacée aux pêches... et Amaretto et biscuits amaretti
Crème glacée au rhum... et rhum et mince-meat
Crème glacée à la vanille... et scotch mélangé à du café instantané
Crème glacée à la vanille... et sauce au caramel écossais
(recette ci-dessous)

Sauce au caramel écossais pour crème glacée

1 $\frac{1}{4}$ tasse (315 ml) de sucre
3 oz (100 ml) de scotch
$\frac{3}{4}$ tasse (190 ml) de crème 35 %
3 c. à soupe (45 ml) de beurre
1 pincée de sel

Faites bouillir sans remuer le sucre, le scotch et la crème. Au premier bouillon, remuez avec un fouet en ajoutant le beurre et le sel. Vous pouvez agrémenter cette sauce de pacanes rôties au four. Mettez en pots de verre et servez avec de la crème glacée.

JANETTE : Cette sauce, présentée dans un joli pot de verre, remplace avantageusement la bouteille de vin qu'on apporte à l'hôtesse qui nous reçoit.

_____
_____
_____
_____
_____
_____
_____
_____
_____
_____
_____
_____
_____
_____
_____
_____
_____
_____
_____
_____
_____
_____
_____
_____

4 c. à soupe (60 ml) de cacao avec $^3/_4$ de c. à soupe (10 ml) de beurre peuvent remplacer un carré de chocolat.

_____

_____

_____

_____

_____

_____

_____

_____

_____

_____

_____

_____

_____

_____

_____

_____

_____

_____

_____

_____

_____

_____

_____

_____

_____

Si vous n'arrivez pas à fouetter votre crème 35 %, ajoutez-y un peu de gélatine et quelques gouttes de jus de citron.

_____

_____

_____

_____

_____

_____

_____

_____

_____

_____

_____

_____

_____

_____

_____

_____

_____

_____

_____

_____

_____

_____

_____

Pour donner du lustre à vos tartes, badigeonnez-les de blanc d'œuf battu et saupoudrez de sucre ou encore de crème ou de jaune d'œuf et d'eau avant de les faire cuire.

Bonbons

JANETTE : J'ai le bec sucré, c'est bien connu. Alors je me fais des bonbons pour mon plaisir et celui de ceux et celles qui, comme moi, trouvent du plaisir dans la douceur du sucre.

La tire éponge d'Isabelle

2 $^1/_2$ tasses (625 ml) de sucre
$^1/_2$ tasse (125 ml) de sirop de maïs
$^1/_2$ tasse (125 ml) d'eau
1 c. à soupe (15 ml) de soda à pâte

Avant de commencer la recette, mettez les moules beurrés dans le congélateur ou le réfrigérateur. Mettez le sucre, le sirop de maïs et l'eau dans une casserole. Faites bouillir jusqu'à 290 °F (143 °C) au thermomètre à bonbons. Fermez le feu et laissez disparaître les bulles. Ajoutez le soda à pâte et brassez vivement jusqu'à ce qu'il soit dissous. Versez vite dans les contenants froids et laissez reposer dans le réfrigérateur. Cassez en morceaux.

JANETTE : Ma fille Isabelle, quand elle était toute petite, adorait faire sa tire éponge. Ça l'excitait car il y avait toujours un moment crucial : quand les bulles se forment et qu'il faut verser la préparation rapidement dans le moule.

Mon sucre à la crème infaillible

5 tasses (1,25 l) de sucre blanc
$^1/_2$ lb (225 g) de beurre
$^1/_2$ boîte de lait condensé sucré Eagle Brand
2 tasses (500 ml) de sirop de maïs
$^1/_2$ tasse (125 ml) de lait
1 gros sac de guimauves
noix (facultatif)
1 c. à soupe (15 ml) de vanille

Mélangez les cinq premiers ingrédients et faites bouillir jusqu'à 250 °F (120 °C) au thermomètre à bonbons. Ajoutez le sac de guimauves. Retirez du feu, brassez à la main jusqu'à épaississement (de 20 à 25 minutes). Au dernier moment, ajoutez les noix et la vanille. Versez dans un moule beurré.

JANETTE : Il m'arrive de séparer ce mélange en deux et d'ajouter dans une partie du mélange des carrés de chocolat fondus. Je fais ainsi d'une pierre deux coups : du fudge et du sucre à la crème ! Ce sucre à la crème est très... crémeux, il se conserve des mois dans des boîtes de métal et fait des cadeaux appréciés de tous, jeunes et vieux. C'est une grosse recette ! Je vous recommande de la faire à deux, ça va mieux pour brasser. Vous vous apercevrez que le sucre à la crème est prêt à mettre dans le moule quand il aura perdu son lustre. S'il ne prend pas, vous le remettez à cuire et vous rebrassez quelques minutes. C'est le meilleur que j'ai fait et mangé à date.

Boules de coco

¹/₂ lb (125 ml) de chocolat sucré ou mi-sucré
²/₃ tasse (170 ml) de lait condensé sucré
1 tasse (250 ml) de noix de coco, d'arachides entières ou de raisins secs
vanille

Faites fondre le chocolat avec le lait condensé sucré dans un bain-marie, ajoutez la noix de coco, les arachides ou les raisins. Façonnez en petites boules et réfrigérez.

JANETTE : Les jours de pluie, l'été, mes enfants se distrayaient à faire des bonbons et à les manger. Mes petits-enfants font la même chose.

Œufs de Pâques

1 ¹/₂ lb (680 g) de sucre en poudre
¹/₄ lb (115 g) de beurre fondu
¹/₂ boîte de lait condensé sucré Eagle Brand
2 c. à soupe (30 ml) de sirop de maïs
1 c. à soupe (15 ml) de vanille
¹/₂ lb (225 g) de chocolat semi-sucré Baker

Mélangez le sucre en poudre, le beurre, le lait, le sirop de maïs et la vanille. Façonnez des œufs avec vos mains. Mettez vos œufs sur un papier ciré et réfrigérez pendant 2 heures.

Pendant ce temps, faites fondre le chocolat dans un bain-marie. Piquez les œufs avec une fourchette et trempez-les dans le chocolat fondu. Remettez les œufs sur le papier ciré. Réfrigérez.

JANETTE : Vous pouvez décorer vos œufs avec un glaçage léger de couleur, selon votre fantaisie. J'ai dû faire ces œufs de Pâques pendant 30 ans. Ils sont bien meilleurs que la majorité des œufs qu'on achète. Et ils sont amusants à confectionner avec les enfants.

Écume de mer (nougat)

2 $\frac{1}{2}$ tasses (625 ml) de sucre
$\frac{1}{2}$ tasse (125 ml) de sirop de maïs
$\frac{1}{2}$ tasse (125 ml) d'eau
2 blancs d'œufs
$\frac{1}{4}$ c. à thé (1,25 ml) de sel
noix, pacanes, pistaches ou autres

Mettez dans une grande casserole le sucre, le sirop de maïs et l'eau. Faites cuire à feu doux en remuant sans arrêt jusqu'à ce que le sucre soit dissous. Couvrez et laissez bouillir pendant 1 minute pour faire fondre le sucre collé aux parois de la casserole. Découvrez et faites bouillir à feu moyen jusqu'à 235 °F (113 °C) au thermomètre à bonbons, ou jusqu'à ce qu'une goutte jetée dans de l'eau froide ait la consistance d'une boule molle. Battez les blancs d'œufs en neige ferme avec un batteur à œufs, versez-y le sirop en filet mince en brassant sans arrêt. Continuez à brasser jusqu'à ce que le mélange soit tiède. Laissez tomber par cuillerées sur une plaque à biscuits recouverte de papier parchemin. Laissez refroidir. Si vous le désirez, ajoutez des noix émincées, de la noix de coco, des pistaches hachées ou des fruits confits avant de laisser tiédir le mélange. Coupez en morceaux.

JANETTE : Quand j'étais jeune, je faisais de l'écume de mer à mon père, qui s'exclamait que j'étais « fameuse ». C'était son mot ! Je l'entends encore.

Fudge vite fait

2 paquets de 6 oz (180 g) de pépites de chocolat
1 boîte de lait condensé sucré Eagle Brand
1 tasse (250 ml) de noix hachées ou de noix de coco

Faites fondre le chocolat au bain-marie. Ajoutez le lait condensé. Chauffez tout en remuant, jusqu'à l'obtention d'un mélange lisse. Cuisez à peu près 10 minutes. Versez dans un moule beurré. Laissez refroidir. Découpez en carrés.

JANETTE : Pendant des années, j'ai confectionné des bonbons variés que j'offrais dans des boîtes de métal de 5 lb (2,25 kg). Et tout ça pour avoir un compliment. Une vraie folle !

La vraie tire Sainte-Catherine

1 tasse (250 ml) de sucre
2 tasses (500 ml) de mélasse
2 c. à soupe (15 ml) de beurre
2 c. à thé (10 ml) de vinaigre
noix (facultatif)

Faites bouillir tous ces ingrédients jusqu'à 300 °F (150 °C), ou jusqu'à ce que la tire casse lorsque vous la plongez dans l'eau froide. Versez dans un plat beurré. Laissez refroidir et étirez-la avec vos mains jusqu'à ce qu'elle soit dorée. Coupez au ciseau.

JANETTE : C'est une aventure à offrir à ses enfants. J'en confectionnais tous les 25 novembre, la fête des vieilles filles... de 25 ans !

Le sucre à la crème de Janine Sutto

1 tasse (250 ml) de crème 35 %
1 tasse (250 ml) de sucre
1 c. à soupe (15 ml) de cassonade
1 c. à thé de vanille

Cuisez les trois premiers ingrédients jusqu'à 250 °F (120 °C) au thermomètre à bonbons, ou jusqu'à ce que le mélange fasse une boule dure quand on le plonge dans l'eau. Ajoutez la vanille.

JANETTE : Janine, pendant des années, offrait son sucre à la crème en cadeau à ses amis. Quand j'en ai reçu une boîte, j'ai été follement heureuse car cela signifiait que j'étais son amie. Je le suis encore.

Croquant aux arachides

1 tasse (250 ml) de sucre
$^1/_2$ tasse (125 ml) de sirop de maïs
$^1/_4$ tasse (65 ml) d'eau
$^1/_2$ c. à thé (2,5 ml) de sel
2 c. à soupe (30 ml) de beurre
1 c. à thé (5 ml) de soda à pâte
1 $^1/_2$ tasse (375 ml) de pacanes

Cuisez les quatres premiers ingrédients jusqu'à 300 °F (150 °C) au thermomètre à bonbons, ou jusqu'à ce qu'une goutte de sirop forme une boule dure dans un verre d'eau froide. Ajoutez le beurre, le soda à pâte et les pacanes. Videz rapidement sur une tôle à pâtisserie recouverte de papier parchemin. Cassez avec un marteau.

JANETTE : Attention à vos dents. J'ai perdu quelques plombages à cause de ce bonbon qui me rappelle mon enfance et dont je rafolle. J'en fais chaque été.

Caramel écossais

2 tasses (500 ml) de sucre
$^2/_3$ tasse (170 ml) de sirop de maïs
$^1/_4$ tasse (65 ml) de crème 35 %

Faites cuire en brassant jusqu'à 300 °F (150 °C) au thermomètre à bonbons ou jusqu'à ce qu'une goutte du sirop forme une boule dure dans un verre d'eau froide. Mettez sur une tôle à pâtisserie recouverte de papier parchemin. Cassez avec un marteau.

JANETTE : Attention aux dents. Il ne faut jamais croquer mais laisser fondre sur la langue. Un péché, sûrement, tellement c'est bon.

Si votre cassonade est dure comme de la brique, chauffez-la au bain-marie avec un peu d'eau ; vous obtiendrez un délicieux sirop.

_____

_____

_____

_____

_____

_____

_____

_____

_____

_____

_____

_____

_____

_____

_____

_____

_____

_____

_____

_____

_____

_____

_____

_____

_____

_____

Votre sucre à la crème ne renversera pas si vous prenez soin de beurrer le bord intérieur du chaudron.

Vos recettes de bonbons

Si votre sucre à la crème est trop dur, remettez-le à chauffer avec 2 c. à soupe (30 ml) de crème. Aussitôt qu'il sera crémeux, versez-le dans un moule beurré.

Confitures, marinades et ketchups

Ma confiture de fraises

fraises
sucre
eau
jus de citron frais
pectine (facultatif)

Je lave soigneusement mes fraises et je les équeute. Je pèse mes fraises et je me sers d'un poids égal de sucre. Pour chaque 2 lb (900 g) de fruits, j'utilise 1 verre d'eau et 1 c. à soupe (15 ml) de jus de citron. Je mélange le sucre, l'eau et le jus de citron dans un grand chaudron. J'amène ce sirop à ébullition. Lorsqu'il commence à épaissir, j'y jette les fraises et je laisse cuire 5 minutes. Je retire les fraises et je les mets dans des pots stérilisés. Je ne remplis les pots qu'aux $^2/_3$ et je continue la cuisson du sirop pendant 5 minutes. Je le verse sur les fraises en remuant légèrement pour qu'elles soient bien réparties dans les pots.

JANETTE : N'écumez la confiture qu'à la fin de la cuisson et, si vous aimez les confitures épaisses, ajoutez de la pectine commerciale, $^1/_2$ bouteille pour 4 tasses (1 l) de fruits. On fait la confiture de framboises de la même manière. Cette façon de procéder gardera vos fruits entiers et fermes. Les puristes diront que ce que je fais, ce sont des fruits dans le sirop plutôt que de la confiture, mais c'est que, moi, j'aime sentir le fruit entier sur la langue.

Cerises de terre dans le sirop

8 tasses (2 l) de cerises de terre
6 tasses (1,5 l) de sucre
12 tasses (3 l) d'eau
2 citrons

Pelez et lavez les cerises de terre. Mélangez le sucre, l'eau et le jus de citron, et faites bouillir 5 minutes. Ajoutez les cerises de terre et refaites bouillir jusqu'à ce que les fruits soient transparents et le sirop épais. Versez dans des bocaux stérilisés et couvrez de sirop chaud.

JANETTE : Différent et délicieux.

Confiture sans cuisson

6 tasses (1,5 l) de petits fruits (fraises, framboises, bleuets,
groseilles, etc.) frais ou congelés
6 tasses (1,5 l) de sucre
$\frac{1}{2}$ bouteille de pectine commerciale

Placez la moitié des fruits dans le robot. Couvrez, faites fonctionner à grande vitesse pendant 40 secondes. Versez dans un récipient et recommencez avec le reste des fruits. Mesurez 3 tasses (750 ml) de ces fruits écrasés, versez dans le robot et ajoutez la moitié du sucre. Faites fonctionner à grande vitesse pendant 20 secondes. Laissez reposer dans le robot pendant 20 secondes. Puis faites fonctionner à petite vitesse pendant 3 secondes. Ajoutez la moitié de la pectine. Faites fonctionner à vitesse moyenne pendant 1 minute. Versez dans des pots stérilisés. Recommencez l'opération avec le reste des fruits écrasés, du sucre et de la pectine. Cette confiture est rapide, infaillible et se conserve 6 mois au réfrigérateur ou dans un endroit frais.

JANETTE : Cette confiture goûte vraiment les fruits frais. Et on peut s'en servir pour garnir gâteaux et crème glacée.

Les oignons dans le vinaigre de Magella

3 gros oignons espagnols en tranches
1 c. à soupe (15 ml) de sucre
1 tasse (250 ml) de vinaigre blanc
sel, poivre, sel de céleri

Faites dissoudre votre sucre dans le vinaigre chaud et jetez ce vinaigre sucré sur les oignons. Laissez reposer 1 heure et servez.

JANETTE : À votre goût, vous pourrez doubler ou tripler les quantités. Servez avec viandes froides ou chaudes. C'est étonnant.

Les cornichons de ma grand-mère

cornichons de 2 à 3 po (5 à 7,5 cm) de longueur
petits oignons rouges ou jaunes
gros sel
huile d'olive
vinaigre blanc à marinades
graines de céleri
graines de moutarde

En septembre, à la saison des cornichons, procurez-vous, dans les marchés ou chez les cultivateurs, des cornichons fraîchement cueillis de 2 à 3 po (5 à 7,5 cm) de long. Lavez-les sous le robinet d'eau froide avec une brosse, tranchez-les en lamelles de $^1/_4$ de po (0,6 cm) d'épaisseur et salez-les au gros sel (1 poignée de gros sel pour 4 tasses (1 l) de cornichons). Laissez dégorger 2 heures. Enlevez les cornichons de la saumure. Égouttez-les, asséchez-les parfaitement avec une vieille serviette de bain, ne les rincez pas. Épluchez vos oignons, tranchez-les.

Dans un pot en verre Masson, mettez un rang de 1 po (2,5 cm) de cornichons, un rang d'oignon, 1 pincée de graines de moutarde, 1 pincée de graines de céleri, $^1/_2$ c. à thé (2,5 ml) d'huile d'olive, et continuez vos rangs jusqu'à $^1/_2$ po (1,25 cm) du bord du pot. Couvrez de vinaigre jusqu'au bord.

Fermez hermétiquement le pot. Renversez-le une fois avant de le ranger.

Mes délices en cadeau

Le ketchup aux fruits de ma tante Magella

15 tomates rouges écrasées, égouttées
1 pied de céleri haché fin
3 pommes pelées
3 gros oignons
3 pêches
3 poires
1 poivron rouge en lanières
1 $^1/_2$ lb (680 g) de sucre
2 c. à soupe (30 ml) de gros sel
1 tasse (250 ml) de vinaigre
4 c. à soupe (60 ml) d'épices à ketchup

Cuisez les tomates pendant 1 heure avec le céleri, les oignons et le poivron. Ajoutez les fruits en morceaux et cuisez encore 1 heure à feu doux.

JANETTE : Chaque année, je fais ce ketchup, si bon avec la saucisse, le boudin, la tourtière, les fèves au lard.

Le ketchup aux tomates de Magella

1 caisse de tomates
5 tasses (1,25 l) de sucre blanc
16 pommes Cortland ou Empire
4 tasses (1 l) de vinaigre blanc
4 poivrons rouges
2 pieds de céleri
4 gros oignons
4 c. à soupe (60 ml) d'épices à ketchup
sel

Cuisez 1 $^1/_2$ heure à feu doux.

JANETTE : Le ketchup maison se sert avec toutes les viandes froides, mais surtout avec la tourtière et les fèves au lard. Chaque automne, je m'offre le plaisir de confectionner ce ketchup et puis j'en offre un pot aux enfants, aux amis. C'est un tel plaisir que je serais folle de m'en passer.

P.-S. : Pour savoir qui est Magella, lisez Ma vie en trois actes, *parue en 2004 aux Éditions Libre Expression.*

Vos recettes de confitures, marinades et ketchups

_____

_____

_____

_____

_____

_____

_____

_____

_____

_____

_____

_____

_____

_____

_____

_____

_____

_____

_____

_____

_____

_____

_____

_____

Pour épluchez rapidement vos oignons, ébouillantez-les puis passez-les à l'eau froide. Épluchez-les sous l'eau, vous ne pleurerez pas. Le masque de plongée fait aussi des merveilles.

_Vos recettes de confitures, marinades et ketchups

_____

_____

_____

_____

_____

_____

_____

_____

_____

_____

_____

_____

_____

_____

_____

_____

_____

_____

_____

_____

_____

_____

_____

_____

_____

Vos confitures seront meilleures si vous utilisez de petits fruits pas trop mûrs.

_Vos recettes de confitures, marinades et ketchups

_____

_____

_____

_____

_____

_____

_____

_____

_____

_____

_____

_____

_____

_____

_____

_____

_____

_____

_____

_____

_____

_____

_____

_____

_____

_____

_____

_____

Pour conserver vos confitures, utilisez toujours des bocaux stérilisés au four pendant au moins 20 minutes dans une rotissoire remplie au quart d'eau chaude.

Boissons

Mon champagne

2 lb (900 g) de raisins secs
3 bananes tranchées
1 enveloppe de levure
4 lb (1,8 kg) de sucre
20 tasses (5 l) d'eau chaude (plutôt tiède que chaude)
3 oranges
1 citron

Dans un récipient de grès, de verre ou de plastique d'au moins 2 gallons (7,5 l), mélangez raisins, bananes tranchées, eau et sucre. Brassez pour faire dissoudre le sucre. Ajoutez la levure. Remisez dans un endroit frais. Couvrez d'un linge propre. Brassez 1 fois par jour pendant 5 jours. Le 6e jour, ajoutez le jus des oranges et du citron, et l'écorce d'une orange. Recouvrez du linge propre et laissez fermenter 24 jours dans une pièce où la température ne dépassera pas 70 °F (21 °C). Le 25e jour, enlevez les raisins et l'écorce d'orange. Mettez en bouteille en siphonnant ou en filtrant le vin au travers d'un linge fin ou d'un filtre à café en papier. Laissez reposer 30 jours. Siphonnez ou filtrez de nouveau jusqu'à ce que le vin soit limpide ; vous pourrez ensuite boucher hermétiquement les bouteilles et les laisser au froid. Évitez de trop serrer les bouchons, car cela pourrait faire éclater les bouteilles.

JANETTE : Étrangement, ce vin goûte le champagne sans bulles. Cette recette m'est demandée constamment. C'est pour cette raison que je vous la livre.

Vin de bleuet

16 tasses (4 l) de bleuets bien propres, écrasés
16 tasses (4 l) d'eau
4 lb (1,8 kg) de sucre
1 tasse (250 ml) de framboises fraîches ou congelées, écrasées
1 enveloppe de levure

Mettez tous ces ingrédients dans un récipient en plastique, en verre ou en grès. Brassez 1 fois par jour pendant 30 jours. Laissez reposer 10 jours. Siphonnez sans toucher le fond, où se trouve le résidu. Embouteillez sans tourner le bouchon à fond. Un mois plus tard, vous boucherez hermétiquement vos bouteilles.

JANETTE : Utilisez toujours une cuillère de bois pour brasser vos vins.

Vin de pissenlit

16 tasses (4 l) de pétales de fleurs de pissenlit bien lavés
16 tasses (4 l) d'eau
jus de 2 citrons
4 lb (1,8 kg) de sucre
4 oz (115 g) de raisins secs
1 enveloppe de levure

Faites bouillir pendant 30 minutes et coulez. Mettez ce jus de pissenlit tiède dans un récipient en plastique, en verre ou en grès, ajoutez le jus de citron, le sucre, les raisins secs et la levure. Laissez fermenter 40 jours. Siphonnez et mettez en bouteille.

JANETTE : Cette recette est la plus ancienne que je connaisse. Nos grands-mères buvaient de ce petit vin il y a fort longtemps. Vous pouvez y ajouter de la glace ou encore de la glace et du soda. C'est délicieux. Du temps où j'étais Wonder Woman, j'ai déjà fait du vin avec des pétales de roses... Pas buvable !

Liqueur de fraise ou de framboise

16 petits casseaux de fraises ou de framboises
2 tasses (500 ml) d'eau
sucre
alcool

Équeutez les fraises, lavez les fruits et écrasez-les. Faites mijoter 5 minutes et écumez. Ajoutez l'eau, brassez et filtrez. Mesurez ce jus et ajoutez 1 lb (454 g) de sucre par 2 tasses (500 ml) de jus. Faites mijoter encore pendant 15 minutes, écumez. Faites refroidir et, pour chaque 2 tasses (500 ml) de jus filtré, ajoutez 1 tasse (250 ml) d'alcool blanc. Mettez en bouteille.

JANETTE : Moi, j'adore ; les hommes, moins.

Confiture de vieux garçon

Au début de l'été, dès que les premiers fruits apparaissent sur le marché, je commence à remplir un ou plusieurs bocaux de verre à large embouchure. Un rang de fraises, une poignée de sucre à fruits et je couvre d'alcool, de vodka, de brandy ou de rhum. À mesure que la saison avance, je remplis mon pot de framboises, d'abricots, de pêches, de poires, de cerises, de raisins, de prunes, etc., sauf les bananes. N'oubliez pas : chaque rang de fruits reçoit sa poignée de sucre et sa rasade d'alcool. Quand les pots sont pleins, je bouche et j'attends 1 mois ou 2 pour déguster, comme digestif, sauce pour crème glacée ou telle quelle.

JANETTE : C'est une vieille recette de France. L'alcool employé était alors du calvados. Moi je me sers d'alcool blanc. C'est un beau cadeau à offrir à Noël.

Liqueur à l'orange et au café

2 oranges
20 grains de café
40 oz (1,25 l) d'alcool
20 cubes de sucre
1 gousse de vanille

Piquez les oranges avec les grains de café (10 grains chacune). Faites tremper ces oranges dans l'alcool avec les cubes de sucre et la gousse de vanille pendant 40 jours. Au bout de 40 jours, pressez les oranges et ajoutez le jus à l'alcool. Filtrez et laissez reposer quelques jours.

JANETTE : Pour piquer les grains de café dans l'écorce d'orange, faites des incisions dans la pelure avec la pointe d'un couteau. Étonnant, mais très bon comme apéritif.

Ponce de gin de mon père

2 oz (70 ml) de gros gin
jus de 1/2 citron
1 c. à thé (5 ml) de miel
1 clou de girofle ou de la muscade râpée

Versez le gin, le jus de citron et le miel dans une tasse rincée à l'eau chaude, ébouillantez le tout et garnissez de muscade ou de clou.

JANETTE : J'ai été élevée à la ponce de gin... comme remède contre la grippe, la déprime, le mal de ventre ! J'en prépare les soirs d'été frisquets et je pense à papa...

Le vin d'orange de Colette (vin marquise)

4 bouteilles de vin rosé
10 oz (350 ml) d'alcool blanc
4 oranges amères coupées en quartiers
1 citron en quartiers
1 bâton de vanille
4 $\frac{1}{2}$ tasses (1,10 l) de sucre

Dans un récipient en verre, en grès ou en plastique, versez le vin rosé, l'alcool blanc, les oranges amères, le citron, la vanille et le sucre. Mettez un linge sur le récipient. Faites macérer 50 jours dans un endroit frais (en bas de 70 °F [21 °C]). Filtrez et mettez en bouteille.

JANETTE : Choisissez les mois de janvier ou février pour préparer ce vin, parce que c'est le seul temps où on trouve des oranges amères. Vous pourrez alors déguster votre vin durant l'été. Ce petit vin est rafraîchissant, vous n'en aurez pas assez de 5 bouteilles, de 8 bouteilles... Croyez-moi ! C'est une de mes gâteries. J'en ai fait pendant 30 ans.

_____

_____

_____

_____

_____

_____

_____

_____

_____

_____

_____

_____

_____

_____

_____

_____

_____

_____

_____

_____

_____

_____

_____

_____

_____

_____

Pour un café irlandais cochon : versez dans chaque tasse 2 oz (70 ml) de whisky irlandais et du café brûlant. Sur le dessus du café, placez une cuillère comble de crème fouettée. Buvez votre «café irlandais» à travers la crème.

Vos recettes de boissons

_____

_____

_____

_____

_____

_____

_____

_____

_____

_____

_____

_____

_____

_____

_____

_____

_____

_____

_____

_____

_____

_____

_____

_____

_____

J'ai rapporté de la Guadeloupe la recette de ce petit «ponche» : du rhum, du sirop de canne ou du sucre de canne, de la limette et un glaçon.

Vos recettes de boissons

Un bon drink d'été : du porto blanc, du soda, beaucoup de glace. Délicat et frais.

Mes petits trucs

Le pain frais se tranchera plus facilement si vous réchauffez le couteau dans l'eau bouillante avant de vous en servir.

. . . .

Pour garder votre sel sec, mettez un petit morceau de buvard au fond de vos salières.

. . . .

Remisez votre pot de beurre d'arachides la tête en bas, il ne séchera pas.

. . . .

Si vous avez fait coller des aliments, couvrez la casserole et faites couler dessus un filet d'eau, puis mettez les aliments dans une autre casserole, le goût du brûlé aura disparu.

. . . .

Si le feu prend dans votre four, éteignez-le avec du sel ou du soda à pâte.

. . . .

Quand vous utilisez votre gril, laissez la porte de la cuisinière entrouverte.

. . . .

L'omelette sera plus légère si vous utilisez de l'eau plutôt que du lait avec les œufs.

. . . .

Saupoudrez de sel les bols dans lesquels vous avez préparé de la pâte, ils se nettoieront plus facilement.

. . . .

Quand vous doublez une recette, ne doublez jamais la portion de sel sans avoir goûté au préalable.

. . . .

Si vous avez noirci vos mains en jardinant, ajoutez 1 c. à thé (5 ml) de sucre dans une bassine d'eau savonneuse et frottez bien.

. . . .

Pour apaiser le feu d'une piqûre d'abeille, appliquez une tranche d'oignon ou du vinaigre ou du jus de citron sur la piqûre.

. . . .

Si une recette requiert des noix moulues, écrasez-les avec un rouleau à pâte entre deux papiers cirés.

. . . .

Si vous n'avez pas de chapelure, faites séchez du pain au four, écrasez-le avec le rouleau à pâte.

. . . .

Si vous vous brûlez dans votre cuisine, faites couler de l'eau froide du robinet sur la brûlure. Jamais de beurre ou de graisse.

. . . .

Si vous devez faire prendre à votre enfant un remède qui a mauvais goût, passez-lui un cube de glace sur la langue. Il ne goûtera rien.

. . . .

Un morceau d'ail passé sur un début d'orgelet le fera disparaître.

. . . .

Faites bouillir vos citrons pendant 3 minutes ou passez-les au micro-ondes, vous en extrairez deux fois plus de jus.

. . . .

Si votre sac à glace est percé, emplissez un gant de caoutchouc de cubes de glace et attachez-le bien.

. . . .

Pour rendre le chrome brillant, frottez-le avec du soda à pâte sec.

. . . .

Il vous sera facile d'enlever la membrane blanche des oranges, des citrons et des pamplemousses si vous les faites tremper dans l'eau bouillante pendant 5 minutes.

. . . .

Quand votre beurre est trop dur pour le mettre en crème, défaites-le en morceaux dans un bol chaud.

. . . .

Ne jetez pas les blancs d'œufs inutilisés, congelez-les.

. . . .

Jetez une écorce d'orange dans votre théière brûlante. Le thé sera délicieusement aromatisé.

. . . .

Posez un crochet à tasse sur la porte d'une de vos armoires. Vous y suspendrez votre bague quand vous cuisinerez.

. . . .

Une houppette dans votre boîte à farine vous servira de saupoudroir.

* * * * * * * * * * * * * * * * *

*Si vous n'aimez pas frotter les chaudrons d'aluminium noircis,
faites-les bouillir pendant 10 minutes dans de l'eau et de la crème de tartre
(2 c. à thé [10 ml] de crème de tartre par 4 tasses [1 l] d'eau suffiront.)*

* * * * * * * * * * * * * * * * *

*Les taches noires sur les fourchettes s'enlèvent facilement
avec de la pâte dentifrice.*

* * * * * * * * * * * * * * * * *

*Pour nettoyer les taches d'huile ou de graisse sur les vêtements,
utilisez du savon à vaisselle.*

* * * * * * * * * * * * * * * * *

*Le jus de citron est un détachant naturel pour les taches de petits fruits,
de ketchup, de jus de tomate, de rouille, d'encre et
même de rouge à lèvres.*

* * * * * * * * * * * * * * * * *

*Une moitié de citron passée dans la poêle qui a cuit le poisson
lui enlève toute odeur.*

* * * * * * * * * * * * * * * * *

Une moitié de citron désodorise la planche à découper.

* * * * * * * * * * * * * * * * *

*Pour redonner vie à une laitue fatiguée ou défraîchie, faites-la tremper dans
de l'eau froide à laquelle vous ajoutez 1 c. à thé (5 ml) de sucre
et 1 c. à soupe (15 ml) de vinaigre.*

* * * * * * * * * * * * * * * * *

*Comme je ne digère pas l'ail, je me sers de fleur d'ail dans de l'huile.
C'est un produit du Québec qu'on trouve dans les épiceries fines.
Malheureusement, la fleur d'ail perd son goût quand on la fait chauffer.
Autrement, c'est délicat et succulent. Je l'utilise dans presque
toutes mes vinaigrettes.*

* * * * * * * * * * * * * * * * *

Cet ouvrage a été composé en Rotis SemiSans Light 10/12
et achevé d'imprimé au Canada en septembre 2005 sur les presses
de Quebecor World Lebonfon, Val-d'Or.